图1 2016年5月5日,时任最高人民检察院党组书记、检察长曹建明(右一)来我院指导工作

图2 2018年11月8日,第五届世界互联网大会"大数据时代的个人信息保护"分论坛在乌镇举行,最高人民检察院党组书记、检察长张军(左一)出席并致辞,我院圆满完成论坛保障工作任务

图3　2018年11月7日,最高人民检察院党组副书记、副检察长邱学强(左四)一行来我院调研指导工作

图4　2018年4月18日,浙江省人民检察院党组书记、检察长贾宇(左三)来我院考察指导工作

图5　2018年9月20—21日，第二届推进自治法治德治融合建设创新基层社会治理高峰论坛在桐乡举行

图6　浙江基层社会治理学院在桐乡成立，浙江传媒学院党委书记杨立平（左一）和桐乡市市委副书记、政法委书记潘川第（右一）共同为浙江基层社会治理学院揭牌

图7 全国首个"三治融合馆"在"三治"实践发源地——桐乡经济开发区(高桥街道)越丰村揭牌

图8 桐乡经济开发区(高桥街道)越丰村百姓议事会活动现场

图9　桐乡经济开发区(高桥街道)越丰村举行环境整治百姓议事会

图10　桐乡市屠甸镇荣星村乡贤参事会进行事项表决

图11 桐乡市屠甸镇汇丰村乡贤参事会成立大会

图12 乌镇管家在行动

图13 我院党组副书记、副检察长陈斌(右二)与北京大学王世洲教授(右一)一同做客桐乡电视台新闻会客厅,开展精准普法宣传,畅谈非法吸收公众存款罪相关法律知识

图14 我院检委会专职委员、公诉部主任姚小丽进企业开展精准普法宣传

图 15　我院蒲公英普法团队进校园开展精准普法宣传

图 16　我院蒲公英普法团队进校园开展精准普法宣传

图17 我院濮院检察室联合濮院法庭成立濮院创新园区法律服务工作点

图18 我院组织开展服务非公企业发展主题实践活动

图19　我院濮院检察室工作人员走访濮院毛衫市场,听取商户意见

图20　我院濮院检察室工作人员在濮院毛衫市场走访

图21 我院成立蒲公英工作室,护航未成年人健康成长

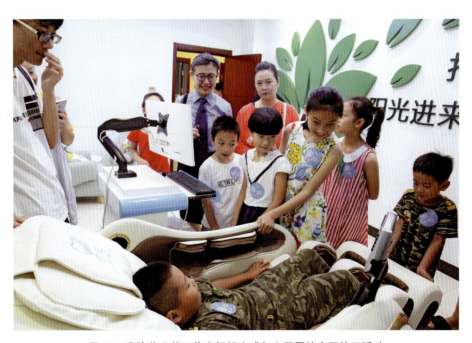

图22 我院蒲公英工作室组织未成年人开展检察开放日活动

图23　我院蒲公英工作室开展未成年人不起诉案件回访工作

图24　我院蒲公英工作室组织开展未成年人心理疏导活动

图25 我院副检察长康建弘做客桐乡电视台新闻会客厅,向全市人民宣传公益诉讼法律知识

图26 我院民事行政检察部门工作人员在危化物取证现场

图27　我院民事行政检察部工作人员在排污口取水检测

图28　我市首例公益诉讼案件开庭

图29 我院党组书记、检察长沈小平（中）走访非公企业

图30 我院组织召开"服务非公、保护知识产权、规范电商发展"工作座谈会

图31 非公企业送来锦旗

图32 我院组织员额检察官开展宪法宣誓活动

新时代"枫桥经验"研究

——"三治融合"与检察工作相结合的桐乡实践

沈小平 主编

上海大学出版社
·上海·

图书在版编目(CIP)数据

新时代"枫桥经验"研究:"三治融合"与检察工作相结合的桐乡实践 / 沈小平主编. —上海:上海大学出版社,2019.1
ISBN 978-7-5671-3397-6

Ⅰ.①新… Ⅱ.①沈… Ⅲ.检察机关-工作-研究-中国 Ⅳ.①D926.3

中国版本图书馆CIP数据核字(2019)第004376号

策　划　农雪玲　杜　青
责任编辑　农雪玲
封面设计　缪炎栩
技术编辑　金　鑫　钱宇坤

新时代"枫桥经验"研究
——"三治融合"与检察工作相结合的桐乡实践
沈小平　主编
上海大学出版社出版发行
(上海市上大路99号　邮政编码200444)
(http://www.shupress.cn 发行热线 021-66135112)
出版人　戴骏豪
*
南京展望文化发展有限公司排版
江阴金马印刷有限公司印刷　各地新华书店经销
开本 710mm×1020mm 1/16 印张18.5 字数223千
2019年3月第1版　2019年3月第1次印刷
ISBN 978-7-5671-3397-6/D·216 定价　35.00元

《新时代"枫桥经验"研究
——"三治融合"与检察工作相结合的
桐乡实践》

编 辑 委 员 会

主　　　编：沈小平
编委会主任：沈小平
编委会副主任：陈　斌　商晓东　康建弘　张利萍　沈利强
　　　　　　　李元兴　姚小丽
编委会秘书：吴强林　潘志勇　冯昌波
编写组成员：姚小丽　钟　丽　方旭阳　姚晓红　叶　飞
　　　　　　李美佳　凌哲婕　张　棋　陆明敏　姚璟璟
　　　　　　周艳萍　周　洁　范　豫　陈　冰　陈晓峰
　　　　　　潘志勇　沈晓颜　陶李盈　徐程秀　冯昌波
　　　　　　李成成　张　淼　吴强林　白　露　许君歧
　　　　　　肖淑芳

序 一

嘉兴市人民检察院党组书记、检察长

2013年,桐乡市在全国率先提出并试点开展自治、法治、德治"三治融合"基层社会治理实践探索,通过充分发挥政府、社会组织、公民在社会治理中的协同作用,形成了"大事一起干、好坏大家判、事事有人管"的基层社会治理新经验。党的十九大正式将这一桐乡率先开展、嘉兴地区首创的"三治融合"新型基层治理模式写入报告,成为新时代"枫桥经验"的精髓、基层社会治理创新的发展方向。

"三治融合"强调发挥法治的引领和保障作用,运用法治思维和法治方式解决矛盾与问题,既讲法治又讲德治,重视发挥道德教化作用,促进公众自律自治。运用新时代"枫桥经验",加强检察环节预防和化解社会矛盾机制建设,是最高人民检察院专门提出的工作规划,是新时代检察工作的机制创新。作为社会治理主力军之一的基层检察机关,主动当好党委、政府的法治参谋,与大局需求保持同频共振,在党的领导及群众支持下积极参与新时代枫桥经验"三治融合"的创新和发展,既是基本价值追求,也是应有之义、职责所在。

近年来,桐乡市人民检察院紧紧围绕上级检察机关和党委中心工作,坚持理论与实践相统一,坚持把执法办案作为践行新时代"枫桥经验"的重要途径,坚持把人民群众的满意度作为衡量检察工作的标准,在执法办案中贯彻"三治融合"理念,执法办案成效硕果累累。如结合检察工作实际,主动顺应人民群众的司法需求,提出"以民心为纲,以爱心、善心为行,以正心、良心为矩"的"五心"检察理念,激发检察内生动力,切实维护群众切身利益;如创新工作机制,深入打造和提升"蒲公英"精准普法品牌;如开展公益诉讼,加强民生民利保障、公共利益维护,促进依法行政;如服务非公企业,促进行业自律,结合办案服务全国最大的毛衫专业市场……涌现了一大批生动、典型的检察实践案例。这些成果有浓厚的地域元素,也有鲜明的检察特色,有经验的总结,也有较大的实践推广价值,是看得见的"三治融合"桐乡检察实践,值得潜心挖掘、深度提炼。

实践是理论之源,检察实践没有止境,检察理论创新也永无止境。作为"三治融合"发源地的基层检察机关,桐乡市人民检察院确定"'三治'理论与检察实践研究"的主题,通过对"三治融合"的内涵特征、相互关系与内在逻辑、生成与发展历程等基础理论的研究,以理论指导实践开展,以实践推动理论创新,积极挖掘"三治融合"的内在价值和时代内涵,进一步提炼检察机关传承"枫桥经验"的新思路、新举措,积极当好新时代"枫桥经验"的研究者、宣传者、践行者,汇编形成了《新时代"枫桥经验"研究——"三治融合"与检察工作相结合的桐乡实践》一书。全书共分为理论篇、实践篇、案例篇3部分,汇集20余篇与"三治融合"相关的理论研究、经验总结、案例精选等检察工作成果,理论水平高、实践意义大,是桐乡市人民检察院创新发展新时代"枫桥经验"的生动展示。

新时代,新使命,新征程。希望桐乡市人民检察院深入学习贯彻纪念毛泽东同志批示学习推广"枫桥经验"55周年暨习近平总书记指示坚持发展"枫桥经验"15周年大会精神,进一步贯彻落实"讲政治,顾大局,谋发展,重自强"的检察工作总要求,以"深化法律监督,彰显司法权威,维护公平正义"为工作主线,不断强化检察监督职能,积极做好检察环节社会治理各项工作,勇当桐乡市经济社会高质量发展的司法排头兵,努力为新时代嘉兴检察工作创新发展贡献桐乡智慧和桐乡经验。

序 二

中共桐乡市委书记

党的十八届三中全会提出"推进国家治理体系和治理能力现代化","鼓励和支持社会各方面参与,实现政府治理和社会自我调节、居民自治良性互动"。党的十八届四中全会指出:"深化基层组织和部门、行业依法治理,支持各类社会主体自我约束、自我管理,发挥市民公约、乡规民约、行业规章、团体章程等社会规范在社会治理中的积极作用。"党的十八届三中全会、十八届四中全会对新时代国家治理、社会治理问题作出了高瞻远瞩的部署。围绕这些重要的国家与社会治理思想和理论,桐乡自2013年开始,以"红船精神"为引领,在全国率先开展自治、法治、德治相融合的基层社会治理实践探索。

在探索自治、法治、德治相融合的过程中,桐乡高举习近平新时代中国特色社会主义思想伟大旗帜,全面贯彻党的十九大精神,紧紧围绕"两个高水平"总目标,认真贯彻落实中央、省委关于加强和创新社会治理的决策部署,坚持以党建为引领、以人民为中心、以善治为目标、以预防为基点,以村规民约(社区公约)、百姓议事会、乡贤参事会和百事服务团、法律服务团、道德评判团为抓手,加快推进基层治理体系和治理能力现代化,确保社会既充满活力又和谐有序。

"三治融合"的基本做法包括:发挥自治的基础作用,引导基层社会自我管理、自我教育、自我服务,以"润物无声"增添社会活力;发挥法治的保障作用,运用法治理念、法治思维和法治方式解决改革发展稳定中遇到的各类问题,以法律手段实现"定纷止争";发挥德治的引领作用,以"春风化雨"弘扬正气。"三治融合""桐乡经验"的创新之处和最大生命力在于,将自治、法治、德治三者融合、合力增效,共同构成社会善治的"三脚架"。

经过5年多的实践探索,"健全自治、法治、德治相结合的乡村治理体系"被写入党的十九大报告,并被中央政法委定位为新时代"枫桥经验"的精髓、新时代基层社会治理创新的发展方向,源于桐乡的"三治融合"已经发展为基层社会治理的"桐乡经验"。

完善和创新基层社会治理需要全社会共同参与,作为桐乡党委、政府的中心工作之一,"三治融合"建设也需要司法机关的积极参与并切实发挥作用。桐乡市人民检察院在依法履行法律监督职责的同时,将"三治融合"理念运用到检察办案实践中,积极探索开展刑事和解、民事调解、蒲公英精准普法、未成年人权益保护等一系列实践。在依法办案的同时,桐乡市人民检察院强调对犯罪嫌疑人、被告人的道德教育,在承办具体案件时,注重发挥检察建议的作用,推动社会公众和行业组织自律,真正实现了将矛盾化解在基层、将纠纷控制在萌芽状态,这些都是"三治融合""桐乡经验"在检察工作中的生动体现。

"三治融合"的提升完善需要理论与实践相结合,不断总结来源于基层的生动实践,深化提升"三治融合""桐乡经验"的理论成果。桐乡市人民检察院在依法办案的同时,注重总结检察工作经验,组织理论研究团队认真开展"三治融合"与检察工作相结合的理论研究,既是对市委市政府决策部署的贯彻落实,也是对新时代检察工作发展的新思考、新体会。此次《新时代"枫桥经验"研究——"三治融合"与检察工作相结合的桐乡实践》结集成书,对丰富"三治融合"理论、指导检察工作实践具有很好的参考和借鉴作用。

近年来,桐乡市人民检察院坚定理想信念,开拓创新,敢为人先,始终坚持立检为公、执法为民,已经连续两年获得浙江省优秀基层检察院荣誉称号。相信在该院全体检察人员的努力下,一定会在服务党委和政府中心工作、保障人民群众合法权益、维护社会公平正义等方面取得更加令人瞩目的成绩!

是为序。

目录

特　稿

确立"五心"检察理念　培育检察内生动力
……………………桐乡市人民检察院检察长　沈小平　1

理　论　篇

"三治"的概念、内涵、生成及其完善 ……… 陈　斌　吴强林　11
论法治及其发展历程 ……………………… 商晓东　陆明敏　27
我国当前法治建设存在的缺陷及其完善 …………… 李成成　42
坚守法治理念　弘扬传统美德
　　——从彭宇案看转型期社会道德焦虑的有效化解
　　………………………………………………… 吴强林　53
论我国德治传统及对当代"法治"的启示
　　——以昆剧《十五贯》为例 ………………… 潘志勇　60
新时代中国基层群众自治：脉络、剖析与升级

——以新时代"枫桥经验"为分析视角
.... 康建弘 潘志勇 80

控制与自治相结合的基层社会治理模式

——桐乡"三治"融合创新农村社会治理的实践与

思考 .... 白 露 93

论检察机关借鉴"三治"理念化解社会矛盾

.... 李元兴 叶 飞 104

在检察办案中深化犯罪预防的实践与思考

.... 陈 斌 沈 杰 冯昌波 115

"三治建设"和"枫桥经验"的关系及发展 ...... 张利萍 方旭阳 129

实 践 篇

充分履行法律监督职能 全力助推深化"三治融合"桐乡

经验 .... 沈利强 钟 丽 张 棋 145

运用"三治"思维，打击和预防非法集资类犯罪

——以南京易乾宁非法吸收公众存款案为例 ...... 李美佳 156

创新工作机制，提升精准普法

——以桐乡检察院蒲公英普法团队为例 .... 姚小丽 165

检察建议规范贴牌加工 深入调研促进行业自律

——濮院检察室立足办案服务全国最大毛衫专业

市场纪实 .... 冯昌波 178

论酒驾案件的特征、原因及其防治

——以桐乡为例 .... 周艳萍 186

守望迷途少年回归社会 呵护未成年人健康成长

——桐乡未检这8年 .... 凌哲婕 193

以"三治"理念为指导　切实化解矛盾纠纷
………………………………… 李成成　姚晓红　198

发挥"三治融合"在预防交通肇事案件方面作用的一点思考
——以近3年桐乡市交通肇事致人死亡的调研情况为
样本 ………………… 方旭阳　陶李盈　肖淑芳　207

一核多元　零距离服务　巧解小区治理难
——梧桐街道同庆社区小区治理情况调研
………………………………… 陈晓峰　陈　冰　218

案　例　篇

创新工作机制　强化社会效果
——杨某某故意毁坏财物案 ………… 姚璟璟　229

践行"五心"检察理念，让爱继续
——陈某某交通肇事案 ……………… 周　洁　234

当网络诈骗遇到同村同学
——朱某诈骗案 ……………………… 沈晓颜　240

桐乡市首例公开审查听证会带来的思考与认识
——冯某某交通肇事案 ……………… 徐程秀　246

发挥控申职能，矛盾化解在基层
——以张某甲刑事申诉案件为例 …… 张　淼　252

16人历时6载艰难申诉上访　6年协调50次力促和解结案
——王连顺等16人与永嘉公司工程款纠纷系列
调处案 ………………… 姚晓红　许君岐　258

特稿

确立"五心"检察理念 培育检察内生动力

桐乡市人民检察院检察长　沈小平

摘　要：基层检察院应当紧扣时代发展之步伐，破除思想禁锢之藩篱，确立"五心"检察理念，以民心为纲，以爱心、善心为行，以正心、良心为矩，不断培育检察内生动力，提升检察素质能力，实现司法公平正义。

关键词："五心"检察理念　民心　爱心　善心　正心　良心

激发检察内生动力，提升检察素质能力，积极践行绿色理念，实现司法公平正义，这既是对检察人职业素质的基本要求，也是对检察人员所从事职业的共同价值追求。基层检察院如何紧扣时代发展步伐，破除思想禁锢之藩篱，不断提高自身职业道德水平，强化检察队伍综合素质建设，实现理性规范文明司法办案，成为当前必须思考、探索的重要课题。结合检察工作实际，笔者认为，需确立"五心"检察理念，以民心为纲，以爱心、善心为行，以正心、良心为矩，不断培育检察履职内生动力。

一、民心——检察人员最根本的职业良知

民心是一种信念、一种力量，更是一种最根本的职业良知。要真正怀有民心，必须明确3个问题：

第一，检察人员是为谁服务？对检察机关来说，检察工作做得好不好，最终要看是否为人民服务，是否实现好、维护好、发展好最广大人民的根本利益，人民到底拥不拥护、赞不赞成、高不高兴、答不答应。这要求检察人员要切实把人民群众的事当作自己的事，把人民群众的小事当作自己的大事，切实把司法为民的职业良知落到实处。

第二，人民到底需要什么？现阶段，人民群众对安全、稳定、公正、权益保障和尊重的需求越发强烈，开展检察工作要不断满足人民的需求。这就要求我们：首先，有国才有家、才有人民的幸福安宁，所以我们要维护国家安全、维护党的领导。其次，民心思定，检察工作就要维护社会稳定。最后，人民需要发展，检察工作就要为发展提供稳定和公平有序的发展环境，确保在环境、金融、食品安全等与民生息息相关的问题上，努力维护人民的切身利益，营造绿色发展的健康环境。

第三，检察工作如何开展？核心必须是以人民为中心。首先，必须强调有效履职。有效履职要求检察人员必须具有较高的政治觉悟、足够的业务能力、严格依法履职的职业定力，这就需要检察人员不断加强学习，不断更新各种知识技能。其次，要求检察人员有足够高的站位，能够看大势、识大局，为人民群众的长远、全局利益服务，为发展服务。最后，要求检察人员必须积极投入司法体制改革之中，做改革的实践者、促进派，即使牺牲一些既得利益也在所不惜，从而

确保司法的公信与权威,为社会提供公正化解矛盾的有效机制。

二、爱心——检察人员以人为本的真实载体

爱心是一种关爱、一种情怀,更是一种以人为本的内生力量。其表现形式应当是多元的:

第一,有了爱心,就有了对从事检察事业奋斗终生的持久力量。这包含对检察事业的热爱、对检察工作的投入,时刻不忘人民的期盼和需求,从而产生对检察职业的认同感和荣誉感,不断提升职业尊荣。

第二,有了爱心,就有了对当事人的一视同仁,真正做到以人为本。在司法办案中,无论是对犯罪嫌疑人还是对其他当事人、诉讼参与人都需要抱有一颗仁爱之心,保障他们的合法权利,坚决防止以办案需要为由践踏人权。在爱心之下,刑讯逼供、疲劳审讯、变相体罚、限制律师介入等不规范的司法行为就不会有萌芽的土壤,就可以驱散办案人员内心可能存在的那一丝"阴霾"。

第三,有了爱心,就有了对构建良好法治生态的内在动力。在履行检察职责中,只有对公平正义的不懈追求,才能守住检察职业道德的底线,不会因为一己之私而伤害当事人人权,也不会因一时懈怠而不辨真伪。

三、善心——检察人员惩恶扬善的应有之义

善心是一种心态、一种品质,更是一种内在善意的职业追求。

第一,善心要求我们心存真善。善心不是伪善,不是迂腐之善。在检察工作中应当表现为时时处处对人和社会的善意,必须以弘扬社会正气、坚守法治信仰、引导全社会向善为立足点,切实向公众传递一种正确的是非观,体现一种不偏不倚的公正形象,实现与人民群众切身利益的同频共振。

第二,善心要求我们惩恶扬善。善不是对违法犯罪的视而不见,而是既要有菩萨心肠,也要有霹雳手段。不惩恶何以扬善?检察之善心必须以惩恶为首要任务。在司法办案过程中,无论面对何种恶,检察人员都应当也必须根据案件的实际情况作出理性判断;严把法律适用关、案件事实关、证据审查关,依法将犯罪嫌疑人绳之以法,在司法办案过程中做到"以事实为依据,以法律为准绳",检察人员现在所做的一切就是为了扬善而惩恶,为减少犯罪,为人民最终的安居乐业而奋斗。

第三,善心要求检察人员劝人为善。在惩恶的同时,检察人员要注重挽救失足的人,注重教育失足的人,并且加强预防,防患于未然。这就需要我们以案释法,以案说德,劝人为善,最大限度地减少各种违法犯罪,从而减少犯罪之恶对社会和公民健康生活的侵蚀。

四、正心——检察人员自我修德的具体展现

正心是一种要求、一种自觉,更是一种精神修养。古人云"修身先正心",要把端正之心性体现在工作中。

第一,拥有一颗正心,需要检察人员不断加强自身道德修养和党性修养。检察人员要通过对自身的严格要求,不断增强遵纪守法的自觉性,实现检察人员思想道德和党性修养的提升。俗话说:"从善

如登,从恶如崩。"这就要求检察人员时刻注重职业道德修养和党性修养,多学习多思考多实践,筑牢自身思想道德滑坡、作风腐化的防火墙;时刻牢记"心术正则人正,心术不正则人不正"的古训,真正在工作中做到不为私心所扰,不为人情所困,不为关系所累,不为利益所惑,切实履行职责使命。

第二,拥有一颗正心,需要检察人员勤于自省。这要求检察人员在司法办案中,严格要求自己,摆正心术、秉公办理,并经常在头脑中自我反省、自我检查、自我剖析;要勇于接受批评和监督,真正做到"勿以善小而不为,勿以恶小而为之";同时,自觉抵制不良诱惑,坚守做人做事底线,做到"有则改之,无则加勉",养成规范、理性、平和、文明的绿色司法理念,树立检察人可亲、可敬、可信的良好职业形象。

第三,拥有一颗正心,需要检察人员坚守法治信仰。法治精神是检察人员公正司法的精神支柱和力量源泉。要做一名合格的检察人员,应当把法治当作主心骨,始终保持法治定力,做知法、懂法、守法、护法的法治工作者。注重从大处着眼,从小处着手,努力让人民群众在每一个司法案件中都感受到公平正义。

五、良心——检察人自我检视的重要标尺

良心是一种责任、一种操守,更是一种自我检视的职业境界。体现在工作中,要做到以下几点:

第一,要办良心案。检察人员是社会公平正义的守护者,需要在办案中时刻保持公平公正,不要小心眼、不做小动作,不因个人利益得失以及人情好恶而影响办案;更不能利用自身拥有的法律专业知识、职务职权以及影响力来歪曲事实、收钱办事。司法办案中万分之

一的失误,对当事人就是百分之百的伤害。若不时刻注意,最终也将对司法体系乃至司法公信力产生难以逆转的伤害。

第二,要具备工匠精神。作为一名检察人员,要时刻注重规范司法,细抠案件每个环节,严格依照法律规定的权限、规范办案的要求履行职责,切实将规范的法律条文转化为规范的司法实践。同时,积极向身边的优秀司法"工匠"学习,坚持用好导师制、师徒制、辅岗制等教育授业模式,教育年轻检察人员懂人情、晓常识、接地气,切实发挥好传、帮、带作用。

第三,对社会要有悲悯之情。"徒法不足以自行"。检察工作本身就是主、客观的有机统一,若想作出合乎情理与法理、实现良法善治的决定,需要对社会怀有悲悯之情。这要求检察人员始终坚持人民性,牢记人民赋予的职责和使命;勇于担当责任,恪守基本职业道德,不断弘扬法治精神;还要始终保持"打铁还需自身硬"的警醒,时刻牢记不碰触纪律作风底线。只有始终心怀对社会的悲悯之情,以工匠精神提升自身综合素能,才能让每一件案件都符合公平正义要求,进而获得人民群众对检察人员和检察工作更多的信任。

(本文原载于《人民检察》2017年第17期)

理论篇

"三治"的概念、内涵、生成及其完善

陈 斌 吴强林

摘 要："三治"是对"自治、法治、德治"的简称，"三治"在传统德治、法治的基础上，将自治作为一种与德治、法治同等重要的治理理念与方式提了出来，从某种意义上说，自治就是对"社会协同"和"公众参与"的另一种表达。"三治融合"既是一种社会治理理念，也是一种社会治理方式，是对"枫桥经验"的继承与发展，是新时代的"枫桥经验"。"三治"被提出的主要原因包括：社会主要矛盾的变化呼唤社会治理方式的创新，社会道德滑坡亟待德治复位，风险社会的到来要求公民个人的自律与自治。桐乡市探索开展"严格执法，公正司法，全民守法"的法治体系建设、"以评立德，以文养德，以规促德"的德治体系建设和"自我管理，自我服务，自我监督"的自治体系建设。桐乡"三治"建设的核心载体则是"三团两会"，包括百事服务团（百姓参政团）、道德评议团、法律服务团、百姓议事会、乡贤参事会等。这种以

"三团两会"为核心的"三治"系统工程的最终目的,是为了转变传统的社会管控模式,使防范控制向服务与管理并重,建立有序与活力统一的多元治理体系。应当从以下几个方面着手完善"三治融合"体系建设:进一步理顺"三治"的内在逻辑,进一步改进与丰富"三治"建设举措,从"三治"走向"三治融合"。

关键词:三治　三治融合　社会治理　枫桥经验

一、"三治"与"三治融合"

(一)"三治"的基本概念

"三治"是对"自治、法治、德治"的简称,"三治"是在基层社会治理过程中发展起来的一种社会治理理念与方法。"桐乡的'三治'(法治、德治、自治)是桐乡地方官员和地方人民为解决中国快速转型期涌现出来的社会问题和矛盾,总结出来的行之有效的基层治理方法。"[①] "三治"将自治、法治、德治并列进行表述,这是一种大胆的创新,在以往基层社会治理理论中没有这种提法,在以往基层社会治理实践中也没有总结相关经验。将自治、法治、德治放在一个平面上进行强调和应用,这也是我国基层社会发展到一定阶段的必然要求,说明主要倚重德治或单纯依靠法治,抑或强调法治与德治并重的治理方式已经无法很好地适应我国基层社会治理的实践需要。将自治、法治、德治并列提出,用"三治"概括表述三者,说明三者之间并无优劣之分,三种治理方式同等重要,需要被同等重视和综合运用,这无疑是对我国传统的基层社会治理理念和方式的重大变革。"三治的努力,从本质上来说,是从传统治理方法走向现代的治理的方法,是

---

① 蓝志勇.桐乡"三治"经验的现代意义[J].党政视野,2016(7).

现代国家的'基层民主治理'问题。"①

（二）"三治"与社会治理

"三治"首先在基层社会治理实践中被提出，因此，要对"三治"有科学、全面的认识，先要对社会治理有深入认识。社会治理是相对于国家治理、政府治理而言的。"治理"概念在西方与我国有着不同的内涵：在西方社会语境中，"治理"意味着政府放权和向社会授权，实现多主体、多中心治理等政治和治理多元化，强调弱化政治权力，甚至去除政治权威，企望实现政府与社会多元共治、社会的多元自我治理②。而在我国，不管是国家治理、政府治理还是社会治理，都不包含弱化或者去除政治权威的内容。国家治理和政府治理活动需要在执政党领导下进行自不待言，即便是社会治理，也不能弱化和去除政治权威。我国的社会治理，是指在执政党领导下，由政府组织主导，吸纳社会组织等多方面治理主体参与，对社会公共事务进行的治理活动。③ 党的十八大报告明确提出，要形成"党委领导、政府负责、社会协同、公众参与、法治保障的社会管理体制"。但是，虽然我国的社会治理语境中不存在弱化或者去除政治权威的内容，但这也不意味着政府包管一切，尤其是在当前社会矛盾多发、利益纠葛复杂多样的社会背景下，在强调"党委领导"和"政府负责"的同时，也必须突出"社会协同"和"公众参与"的作用。治理的主体不但指政府，也包括企业、社会组织、公民。④ 正因为如此，"三治"在传统德治、法治的基础

---

① 蓝志勇.桐乡"三治"经验的现代意义[J].党政视野，2016(7).
② 王浦劬.国家治理、政府治理和社会治理的含义及其相互关系[J].国家行政学院学报，2014(3).
③ 王浦劬.国家治理、政府治理和社会治理的含义及其相互关系[J].国家行政学院学报，2014(3).
④ 杨开峰.桐乡"三治"实践的解读[J].党政视野，2016(7).

上,将自治作为一种与德治、法治同等重要的治理理念与方式提了出来,实际上,从某种意义上说,自治就是对"社会协同"和"公众参与"的另一种表达。

(三)"三治融合"的基本内涵

"三治"是对自治、法治、德治的精练表述,是对三种治理手段本身的强调。而"三治融合",重在融合,着重突出说明在基层社会治理过程中,自治、法治、德治不是孤立存在的,也不应当孤立地被使用;自治、法治、德治应当是融合发展的,需要被综合运用。要使自治、德治、法治融合发展,就必须建立起一整套的制度体系。

1. "三治融合"是一种社会治理理念

理念是指思想、观念,所谓"三治"是一种社会治理理念,就是将"三治"这种思想、观念引入社会治理领域。在中国古代,德治是一种很重要的治国策略,"德"在古代人的思维观念中占有极其重要的地位;随着社会的发展,"法"开始进入人们的视野,法治理念也逐步发展;社会发展到今天,面对社会矛盾复杂化、利益主体和利益纠葛多元化的社会现实,除了法治、德治外,还应当重视"自治"这种新的社会治理理念。"'三治'的真正价值,在于它对开发和培养未来公民、未来地方自我管理能力、构建未来基层治理体系所做的努力和积累的经验。"[①] 作为一种社会治理理念,"三治"是一个整体,自治、法治、德治不是孤立存在的,三者相辅相成、相互促进。

2. "三治融合"是一种社会治理方式

所谓社会治理方式,即治理社会的方法、手段。与停留在思想、观念层面的理念不同,作为一种社会治理方式,"三治"已经深入实践

---

① 蓝志勇.桐乡"三治"经验的现代意义[J].党政视野,2016(7).

层面。早在2013年,桐乡市就开展了"法治、德治、自治"相融合的乡村治理实践探索,探索出了一套可操作、可复制、可经实践检验的方法与制度体系。桐乡市的"三治"建设是一个系统工程,包括"严格执法,公正司法,全民守法"的法治体系建设、"以评立德,以文养德,以规促德"的德治体系建设和"自我管理,自我服务,自我监督"的自治体系建设。而"三治"建设系统工程的核心载体则是"三团两会":自治领域,在村级层面建立起了百事服务团、百姓议事会、乡贤参事会,镇级层面则成立了百姓参政团;德治领域,成立了道德评议团;法治领域,主要依托市、镇、村三级法律服务团。①

这种以"三团两会"为核心的"三治"系统工程的最终目的,则是为了转变传统的社会管控模式,使防范控制转向服务与管理并重、有序与活力统一的多元治理体系。

3. "三治融合"是新时代的"枫桥经验"

"枫桥经验"是20世纪60年代诞生在浙江省诸暨市枫桥镇的一种社会矛盾处理方法,其核心内容是"发动和依靠群众,坚持矛盾不上交,就地解决,实现捕人少、治安好"②,毛泽东同志亲自批示"要各地仿效,经过试点,推广去做",枫桥经验由此诞生③。从"枫桥经验"的内容来看,其主要内涵包括:一是坚持群众路线,依靠群众解决矛盾纠纷;二是坚持基层治理方式,将矛盾纠纷化解在基层,防止矛盾纠纷扩大化。其目的有两个方面:一方面是维护社会治安,另一方面是少捕人。

与"枫桥经验"相类似,"三治融合"也发源于基层(桐乡市高桥镇越丰村),是为解决基层社会矛盾而被探索、总结、提炼出来的基层社

---

① 盛勇军. 创新打造"三治融合"高地[N]. 农民日报,2018-01-27.
② 徐镇强,何彩英. "枫桥经验"研究述评[J]. 中国人民公安大学学报(社会科学版),2013(4).
③ 吴锦良. "枫桥经验"演进与基层治理创新[J]. 浙江社会科学,2010(7).

会治理方式。"三治融合"是对"枫桥经验"的继承与发展,是新时代的"枫桥经验"。

(1)"三治融合"是对"枫桥经验"的继承。一方面,"三治融合"也坚持群众路线和群众方法,通过建立百事服务团、百姓议事会等群众性组织,实现基层群众对基层社会事务的自我管理、自我服务、自我监督和对基层社会矛盾的自我化解;另一方面,"三治融合"也强调将矛盾纠纷化解在基层,通过乡贤议事会、道德评价团、法律服务团、百姓参政团等参与矛盾纠纷化解,尽可能地将矛盾纠纷化解在萌芽状态,化解在村社区等基层社会。

(2)"三治融合"又是对"枫桥经验"的发展。第一,"三治融合"首次将自治提到与法治、德治同等重要的地位予以突出强调,这在以往是没有过的,有利于真正切实发挥基层社会的自主功能和作用,而"枫桥经验"在很大程度上还是依靠政府的作用去处理矛盾纠纷,从这一点上来讲,两者区别甚大。第二,"三治融合"方式建立了一整套化解矛盾纠纷的制度体系,包括法治、德治、自治体系建设,包括"三团两会"等,这些都是"三治融合"方式的独特创造。

二、"三治"的提出及其原因

(一)"三治"源于桐乡市基层社会治理实践

2013年以来,桐乡市探索开展了"德治、法治、自治"社会治理基层实践[①],"三治"是基层探索出来的社会治理方式。"三治"为何会首先在桐乡市基层社会萌芽?这有着深刻的社会因素。其一,桐乡市

---

① 卢跃东.桐乡"三治"[J].今日浙江,2014(19).

地方经济发达特别是农村地区经济发展也走在全国前列,这使得村民对村级公共事务有关心、了解和参与的动力与意愿,而对那些较为贫困的地区来说,村民参与村级公共事务的主动性往往要低很多。其二,村民较少远离家乡,这保证了"三治"的主体不缺位。与中西部很多农村地区绝大多数农民都外出务工不一样,桐乡市属于劳动力输入地,本地的农村居民即便务工,也是在桐乡本地,大多不会超出本行政区域范围,很多基本就在行政村周边的小工厂、小企业务工,这就在很大程度上保证了"三治"的参与主体——农民不缺位。而中西部很多地区由于绝大多数农民远离家乡,跨市跨省务工,常年不在户籍所在的行政村,导致村级公共事务很难甚至无法开展,要实现"自我管理、自我服务、自我监督",其难度可想而知。其三,政府积极探索与大胆放权,使得"三治"水到渠成。

(二)"三治"被提出的主要原因

1. 社会主要矛盾的变化呼唤社会治理方式的创新

与传统社会不同,随着市场经济的深入发展,现如今的城乡基层社会已经发生天翻地覆的变化。农村不再是传统的小农经济,城市基层群众与单位之间的固化关系也已经完全松绑,人口流动性大大增强。与此同时,各种利益纠葛、矛盾冲突不断增长且有别于传统社会的矛盾纠纷。城乡基层社会群众对生态环境、食品药品安全与基本公共服务的需求越来越多,目标也越来越高,但与城乡基层社会群众基本需要不相适应的是,城乡基层社会生态环境污染严重,假冒食品药品泛滥,基本公共服务满足不了人民群众的需求。与我国整体社会主要矛盾的变化一样,城乡基层社会的主要矛盾也逐渐演变为"人民日益增长的美好生活需要和不平衡不充分的发展之间的矛盾"。与此同时,征地、拆迁、集体经济发展、土地流转、入股、分红……这些城乡基层社会发展中的重大问题中所反映出来的矛盾冲突日益严重,用传统方式管理城乡基层社会已经远远不能适应现实需要,城乡基层社会主要矛盾的变化呼唤社会治理方式的创新。

2. 社会道德滑坡亟待德治复位

社会道德滑坡是整个国家与社会面临的普遍性问题,在城乡基层社会也非常突出。比如诚信问题,传统基层社会熟人社会之间,不讲诚信是很难在一个共同体之内立足的,但由于市场经济条件下金钱至上、利益至高等形形色色的各种思想不断地冲击着传统的诚信美德,以至于即便在仍属于熟人圈子的基层社会,言而无信也逐渐成为一大社会问题。再如辍学问题,传统社会强调"养不教,父之过""人不学,不如物",可在如今的很多农村地区,读书无用论甚嚣尘上,辍学成为一种潮流,打工挣钱成为这些地区家长与青少年唯一的期盼与目标,重视教育的传统美德荡然无存。又如传统的尊老爱幼、助人为乐、见义勇为……这些优良的道德传统正逐渐被人们所遗忘或有意无意地忽略,市场经济条件下各种新思潮新观念对传统美德的冲击是全方位的,城乡基层社会社会道德滑坡状况令人担忧,亟待德治复位。

3. 风险社会的到来要求公民个人的自律与自治

随着社会快速发展变化,传统那种稳定的社会结构、陈旧的社会运作方式、广为接受的人际交往规则都发生了极大变化。现代社会是一个被网络、科技包裹着的智能社会,现代社会人口流动性极大,处于现代社会中的公民随时面临着各种意想不到的风险,包括刑事风险。比如,传统社会中,弘扬拾金不昧的优良道德,但对于拾金而昧者,往往是从道德上予以谴责,最多也是民事上的不当得利纠纷。但在现代社会,随着银行卡普及,一些人捡拾银行卡后用银行卡去ATM机取款,那么,这就不再属于传统道德和普通民事法律所规范的问题了,而上升到刑事违法犯罪的范畴。再如,一些人信用卡透支后不及时归还,银行依法催收后仍不归还,那么这也不再属于简单的民事借贷的问题了,而是上升为刑事性质的信用卡诈骗问题了。又如,一些刚刚进入社会的年轻女性,轻信吸毒可以减肥的奇葩言论,最终落入万劫不复的深渊……这些问题在传统社会中是较少发生的,它们都是随着社会、科技的发展进步而逐渐产生的,而绝大多数承担这些问题的风险的人,是受教育程度较低、社会见识较少、处于社会底层的人,其中大多数属于农村居民或进城务工人员,对于他们来说,很大一部分人甚至并未意识到这种风险的存在。以前,人们常说"刑不可知则其威不可测",后来强调法律必须公开,但在当今社会,立法已经相当完善,即便是公开的法律规定,很多普通人也不一定会知道和了解,公开的不等于所有人都知道了,这与传统社会结构简单、法律规定相对较少有很大区别,当今社会的法律风险可以说是遍布社会各行各业各个角落,可谓防不胜防。在这种风险社会中,单纯依靠国家的力量,很难做到普通公民完全免于刑事风险,因此必须发挥基层社会的作用,必须重视公民个人作用的发挥,依靠基层社会自治、依靠公民个人的自律,才能更好地防范各种社会风险。

三、桐乡的"三治"建设实践

(一)"三治"建设体系

"三治"建设体系包括法治建设、德治建设、自治建设三个部分,具体来说就是:加强法治建设,运用法治思维和法治方式解决改革发展稳定中遇到的问题;加强德治建设,切实发挥德治在社会治理中的基础作用,着力预防和化解社会矛盾;加强自治建设,通过引导基层组织、社会组织和公民个人有序参与社会事务,进一步提升群众自我管理、自我服务的水平①。

法治建设方面,一是强化依法行政,探索建立"依法行政指标体系"和"依法行政指数",对依法行政进行全程规范。二是强化公正司法,建立市、镇、村三级法律服务团,政府部门配备法律顾问,逐步形成惠及全民的基本公共法律服务体系。三是强化全民守法,建立法制园、"三治"园、法制宣教馆等法治文化示范点,宣传法治文化,促进全民守法。②

德治建设方面,一是以评立德,建立市、镇、村三级道德评议组织(道德评判委员会、道德评判团、道德评判小组),组织汇集社会贤达,通过道德评判,弘扬真善美,鞭挞假恶丑。二是以文养德,注重以文化人,以文养德,实施文化惠民工程,建立道德讲堂、德孝主题公园、文化礼堂等阵地,引导人们讲道德、遵道德、守道德。三是以规促德,系统梳理和修改完善有关规章制度和行为准则,指导修订村规民约、居民公约、行业守则、职业规范,切实规范人民群众的日常行为。③

自治建设方面,一是厘清基层自治组织职责,建立城乡社区工作事项准入机制,制定基层群众自治组织"依法履行职责事项"和"协助政府工作事项"两份清单。二是培育扶持社会组织,出台了向社会力量购买服务实施办法,建立社会组织服务中心,对符合条件的公益类社会组织给予政策、技术、资金等方面的支持。三是构筑协商民主平台,在镇、村成立百姓参政团,让老百姓在了解目的和为自己争取最

---

① 卢跃东.构建"法治、德治、自治"基层社会治理模式[J].红旗文稿,2014(24).
② 卢跃东.构建"法治、德治、自治"基层社会治理模式[J].红旗文稿,2014(24).
③ 卢跃东.构建"法治、德治、自治"基层社会治理模式[J].红旗文稿,2014(24).

大权益的同时,了解政府的工作目标,并将自己的意见及时传达给基层政府,促进最终出台的决策更为科学、合理、操作性更强。①

(二)"三团两会"——桐乡"三治融合"的平台与载体

1. 道德评议团

道德评议团分为村、镇两级,分别由村(社区)党组织书记、镇街道党委宣传委员担任协调人,分别由一名村(社区)干部、宣传干事担任联络人。村级道德评议团由村(社区)两委班子成员、"三小组长"代表、党员代表、道德模范代表、乡贤或村民骨干代表等组成;镇级道德评判团由辖区内"两代表一委员"、道德模范代表、有威望的老党员或企业家代表等组成,人数均为10—15人。道德评议团的主要职责是经常性开展道德宣传教育和文化礼仪活动,培育公民崇德向善、积极向上的良好风尚。②

2. 法律服务团

建立市、镇、村三级法律服务团,每个服务团由律师和法院、检察院、公安局、司法局的工作人员以及政府工作部门的法制工作人员或基层法律服务工作者等人员组成,每个法律服务团联系服务2—3个村(社区)。法律服务团的职责是为村(社区)上门提供法律服务,提供常态化的法律顾问服务。③

3. 百事服务团

整合社会志愿服务、专业技术服务以及基层各类服务力量,将平安、民生、人文等服务团队统一纳入百事服务团,以定期集中服务、定点上门服务、预约入户服务为主,也可根据群众需求,开展定向即时

---

① 卢跃东.构建"法治、德治、自治"基层社会治理模式[J].红旗文稿,2014(24).
② 参见"桐文明委〔2013〕9号"文件。
③ 参见"桐委办发〔2014〕14号"文件。

服务。

4. 乡贤参事会

乡贤参事会按章程行事,设会长、副会长、秘书长,任期3年,改选可与村民委员会换届同步进行。秘书长原则上由村党组织书记或村委会主任兼任。会员应是本村的老党员、老干部、复退军人、经济文化能人、出生地、成长地或姻亲关系在本村的"返乡走亲"机关干部、企业法人、道德模范、持证社会工作者、教育科研人员,以及在农村投资创业的外来生产经营管理人才等。会员入会前须经村党组织审核确认并经选举产生。人员构成上体现能人、名人、有威望的人和有影响力的人,力求管用、有效,不贪大求全。[1]

5. 百姓议事会

百姓议事会由固定成员与非固定成员组成,股东成员包括村(社区)班子成员、部分村(居)民代表、村经济合作社股东代表、户籍在辖区内的"两代表一委员"和"三小组长"、有威望的老党员、企业负责人、社会组织代表等,非固定成员主要为涉及协商议题的利益相关村(居)民代表。百姓议事会的召集人由党组织负责人担任,主要通过专题会议、个别访谈等方式,组织开展村事协商。[2]

四、完善"三治融合"体系建设的建议

(一)进一步理顺"三治"的内在逻辑

在"三治"建设提出的最初阶段,桐乡地方政府主要关注的是法治、德治、自治各自的具体内涵以及各自功能的发挥,比如将法治建

---

[1] 参见"桐民〔2018〕5号"文件。
[2] 参见"桐委办发〔2015〕22号"文件。

设分解为依法行政、公正司法、全民守法等内容,将德治建设归纳为以评立德、以文养德、以规促德三个方面,将自治建设扩展为厘清基层自治组织职责、培育扶持社会组织、构筑协商民主平台等三部分内容。在法治、德治、自治三者之间的关系上,则分别强调三者各自功能的发挥,无论是"德治为基、法治为要、自治为本"还是"法治强保障,德治扬正气、自治添活力",都是侧重于三者各自的"特异性"方面,强调各自功能的发挥。那么,法治、德治、自治三者是否存在重要性差异?如果存在,哪一个更重要,以哪一个为主?三者放在一起难免会遇到这样的问题,以至于对三者的排序出现过变化,桐乡地方政府最初提出"三治"的时候,把法治放在首位,分别是"法治、德治、自治";但十九大提出"健全自治、法治、德治相结合的乡村治理体系"后,桐乡按照中央文件的提法相应将其调整了过来,变成了"自治、法治、德治",那么这种顺序上的调整是否意味着三者之间有重要性的区分,排在前面就显得更为重要?从基本理念来看,自治、法治、德治应当平衡发展,作为治理方式,自治、法治、德治是同等重要的,三者应当平衡发展,不能厚此薄彼。从逻辑基础上来说,三者之间应当是互为基础和保障,就现阶段的策略来说,应当是要巩固法治成果,强化道德教育,依靠法治、德治实现自治。

(二)"三治"建设举措的改进与丰富

1. 法治建设方面

一是依法行政,强调行政机关依照法律规定开展各项行政活动,特别是行政执法活动要严格依照法律规定的程序、方式、手段和职责进行,不得任意为之。对此,仅仅依靠"依法行政指标体系"来实现规范与引导还不够,还应该有负面清单和惩罚措施。二是公正司法,强调司法机关在司法活动过程中不偏不倚,严格按照法律的程序与实体规定开展司法活动。桐乡地方政府在"三治"建设体系中对公正司法的解释是要"统筹整合司法资源,建立覆盖城乡的基本公共法律服务体系,为群众提供优质高效的法律服务",严格来说,这是公共法律服务的问题,不属于"公正司法"的内容。从政府来说,为了保障司法机关公正履职,就应当带头遵守和执行司法独立的法律规定,不干涉司法机关的司法活动,领导干部不能以个人意志影响司法裁决,这才是公正司法在地方政府层面应当主要解决的问题。三是全民守法,所谓"上梁不正下梁歪",全民守法首先是领导干部要带头遵守法律规定,不得突破法律以权谋私、以权谋利;全民守法重在宣传教育,让社会公众知法懂法,自觉遵守和信仰法律。

2. 德治建设方面

市、镇、村三级道德评议组织(道德评判委员会、道德评判团、道德评判小组)应当如何形成?从桐乡的实践来看,三级道德评议组织的组成人员主要由村(社区)两委班子成员、"三小组长"代表、党员代表等构成,而道德模范代表人数较为有限,这种人员构成是否合理,值得进一步商榷。当然,这里指出来并不是说村(社区)两委班子成员、"三小组长"代表、党员代表不能担任道德评议团的成员,而是说道德评议团的成员应当以德为重,不能把村(社区)两委班子成员、"三小组长"代表、党员代表默认为有德的人。因此,道德评议团的成员最好应当由村民推举产生。另外,以规促德中的"规"即村规民约、制度规范应当如何产生?这恐怕也是一个问题,既然是村规民约,显然村民是主体,那么这些制度规范显然也应该是由村民讨论通过制定的,而不应该是政府部门单独制定的,即便是政府部门制定的,至少也应该得到村民的认可才能成为村规民约,否则就违背了自治的基本要求。

3. 自治建设方面

应当更加突出基层群众自主决定的因素。从桐乡当前的"三治"建设实践来看,主要还是政府出面在推动,通过市—镇—村三级组织层层推动(桐乡村一级的村干部实行坐班制,每个村都有固定的村委大楼,村干部领取固定工资,与市政府、镇政府等一级行政组织相类似),这种自治建设很可能是动力不足的,只有村民主动参与、自觉接受的自治才是真正的自治、能够可持续发展的自治,因此,应当进一步想方设法提高村民主动参与的愿望和自主决策的权限。

(三) 从"三治"走向"三治融合"

历史上,德治、法治是两种主要的管控社会的基本手段,自治较少被提及。德治、法治作为两种主要的社会管控手段,统治者较多的时候主要强调一种治理方式,比如"德主刑辅"就主要强调发挥德治的道德教化功能,而到了"严刑峻法"则强调法律的威慑作用。虽然统治者主要强调一种方式,但这并不代表另一种方式就不被使用了,在强调发挥道德教化作用的同时,法的作用依然是很明显的,古代历朝历代刑部一直作为一个主要部门存在即是明证;而即便在依靠"严刑峻法"治理国家的朝代,道德的作用也是不容忽视的,四书五经一直作为科举考试的基本素材,其主要内容也就是道德伦理纲常。改革开放后,随着市场经济建设的发展,我国在很长一段时间里强调要建设与市场经济相匹配的法治社会,依法治国被着重强调;党的十六大报告明确指出要"依法治国和以德治国相辅相成",法治、德治同时成为主政者强调的治国方式。社会发展到今天,基层社会自治的价值逐渐被重视和挖掘出来,在政府法治和社会道德之外,还必须重视和发挥基层社会组织自治的强大力量,依靠基层社会自生力量管理、服务基层群众,化解基层社会矛盾纠纷,这对于具有十几亿人口的中国来说是极其重要的。但是,仅仅认识到这一步还不够,自治、法治、德治不能被孤立地看待和运用,自治、法治、德治也不应该有主次之分,三者应当是融合发展的,需要被综合运用,只有走向"融合","三治"才能真正发挥其应有的价值和作用。

【作者简介】

陈斌,桐乡市人民检察院党组副书记、副检察长。

吴强林,湖南常宁人,博士研究生在读,浙江省检察理论研究人才。公开发表理论研究文章10余篇,研究成果多次受中国法学会、环保部、中国检察学会民事行政专业委员会、浙江省社科院、浙江省文明办、浙江省人民检察院、嘉兴市人民检察院等表彰,荣立个人三等功一次。

论法治及其发展历程

商晓东　陆明敏

摘　要: 本文从法治概念的历史渊源入手,探寻关于法治的各种理论,对法治内涵的5个基本要点进行解读。在考察西方法治5种基本形态演进的基础上,梳理法治从古至今的发展历程,立足中国实际,分析传统中国的儒家型法治及其与现代法治的区别,挖掘其对当今法治建设的借鉴作用。应当在借鉴传统法治建设的基础上,因地制宜地推进中国特有的法治进程,不断提升运用社会主义法治思想和理念有效地进行国家、地区现代化治理的能力与水平。

关键词: 法治概念　儒家型法治　现代法治　法治中国　国家治理现代化

现代社会,每个国家或民族都在寻求一种适合于自己生存与发展的有效治理方式,这是符合当今经济全球化和政治多元化发展的世界发展大趋势的①。所谓治理,简言之,就是在一个既定的范围内运用权威维持秩序,满足公众的需要;其目的就是要在各种不同的制度关系中运用权力去引导、控制和规范公民的各种活动,以最大限度增进公共利益。如何使治理更加有效(也即善治或有效治理的问题),如何运用法治、德治与自治的多种治理方式(也即三治问题),都是值得研究的问题。因而,对法治的概念把握及其发展历程的研究对于今天的法治建设具有重要的现实指导意义。

一、法治的概念

(一) 法治概念的历史渊源

法治概念源于何时? 一般认为,法治思想滥觞于古希腊文明时代,其理论根据来源于古希腊人思想意识中根深蒂固的原始宗教和朴素自然法观念。当时以泰勒斯、毕达哥拉斯、德谟克利特、普罗泰戈拉、安提芬、亚里士多德、伊壁鸠鲁等为代表的一大批古希腊思想家通过对法律、权力、人及其相互关系的深刻思考,提出了许多富有超时代意义的见解。其中,毕达哥拉斯最早提出了"法治"的概念②。

对现代法治观念的影响最为显著的,则当数亚里士多德,他在代表作《政治学》中提出:"法治应当优于一人之治。"③ 并为此给出了一个颇具权威的经典性解释:"法治应包含两重意义:已成立的法律获得普遍的服从,而大家所服从的法律又应该本身是制订得良好的法律。"④ 此语意蕴深刻丰富,语言简约精练,在西方法治史上一直占有

---

① 俞可平.权利政治与公益政治[M].北京:社会科学文献出版社,2000:110.
② 马啸原.西方政治思想史纲[M].北京:高等教育出版社,1997:16.
③ 亚里士多德.政治学[M].吴寿彭,译.北京:商务印书馆,1965:171.
④ 亚里士多德.政治学[M].吴寿彭,译.北京:商务印书馆,1965:199.

重要地位,曾长期影响了西方人的法治观。可以说,它是西方人最早明确提出的一种法治观念形态。

(二) 关于法治的各种理论

然而,亚里士多德的论述有其不可避免的不足。从逻辑学的角度来看,这一解释没有给出"法治"概念的属性和种差,而且这一解释过于笼统和弹性化,因此严格说来,它并不是在给"法治"下定义,而是在作描述,即并没有从本质方面回答"法治到底是什么"这一重要问题。自亚里士多德之后,罗马人成了希腊法治思想的继承者、传播者和开拓者。

此后,各国法学家对"法治"亦有诸多的理论与见解,却从未曾出现过一个统一、公认、权威的说法,其中具代表性的有以下几种:其一,法治是一种沿循正义和规则轨道正常运行的良好状态,持这种观点的代表人物有美国的罗尔斯和英国的菲尼斯等。其二,法治就是以法律为最高权威的统治形式,持这种观点的以英国的拉兹和德国的诺伊曼最具代表性。其三,法治是指对公民权利和自由的保护以及对政府权力的限制,这是17—18世纪资产阶级启蒙运动以来比较流行的一种观点,其主要代表人物有英国的洛克,法国的孟德斯鸠、卢梭以及美国的塞尔兹尼克和奥地利的哈耶克等。其四,法治是社会公共秩序的一种存在形式,持这种观点的代表人物主要是美籍德裔的弗里特曼。[①] 当然,其他还有众多理论,比较有名的如戴雪的"三原则说"、罗尔斯的"四律令说"、库德里亚夫采夫的"五原则说"、富勒的"八原则说"、法国法学家会议通过的"三方面说"、《德里宣言》的"三原则说"或"四原则说"、德国《布洛克豪斯百科全书》的"七要素

---

① 沈宗灵.现代西方法理学[M].北京:北京大学出版社,1992:66.

说"、苏联法学家的"九原则说"等。

(三) 法治内涵的基本理解

法治从其字面含义来看,就是依照法律来治理社会,解决纠纷。综合众多理论观点及思想精华,笔者认为其应当包含以下 5 点内涵:

第一,主权在民。国家的一切权力属于一定范围内有一定政策权利的公民全体,而不是某一个人或某一个小集团。公民通过诸如公民大会、公民代表大会之类的政权组织形式,制定出符合当时生产力发展水平和进步价值观念的法律来行使主权。第二,权出于法,人从于法。任何个人、集团和政府的权力都只能来自法律的明确授权,非经授权即不可行使。人人都必须遵守、服从法律的统治,尤其政府更应该依法行政。第三,法律至上。法高于权,任何个体、集团或者政府都没有超越、凌驾于法律之上的特殊地位,都只能享有法律主治之下的有限的相对自由。第四,法律面前人人平等。任何人都同样平等地受法律的保护或惩处,不存在不受法律约束的对象,也不存在同样情况而异样对待的问题。第五,司法公正。法院和其他司法机构作为法治的物质承担者,以只忠实于、仅负责于法律的独立自主、不偏不倚的公正态度、务实精神来处理各种矛盾和纠纷,扶正祛邪,公正廉明。

上述关于法治概念的基本理解,仅为笔者所持观点,不排除还有更准确、科学的解释,还有待于法学界的努力研究和深入探讨。

法治是标志社会的制度文明发展进化程度的一个历史范畴,它的内容取决于时代的发展和历史条件的变化。因此,法治不是一个一成不变的法律的集合体,而是综合了法律意识、组织、行为、制度、实践经验等多方面要素的动态历史过程的集合体。企图一劳永逸地给法治下一个囊括古今、恒久不变的定义或者用现代人的目光和标准去剪裁丰富多彩的历史实践都是不明智、不足取的,我们只能从法治的动态运行、发展、变化的相对进步状态中寻求对法治概念、原则和历史形态的相对准确的理解。本着这种思想,下面将从法治在东西方的发展历史进程中所经历的演进和递变进行探讨。

二、西方法治演进的历史形态

(一)古典城邦共和法治形态

这种形态的法治以古希腊的城邦共和国和古罗马共和国最具代表性。其主要特征是:第一,法治的基础是以贵族和自由民为主体的奴隶制民主制度,广大的奴隶被排除在这一主体之外。第二,法治的原则是"公民是自己的主人""公民完全平等"和"轮番地为统治者和被统治者"。其中公民是指城邦中"凡得参加司法事务和治权机构的人们"[①]。第三,法治的主宰机构是人民大会、人民议事会或平民会议。

这种法治形态对世界法治发展史的贡献在于:它开创了世界法治实践的先河,为西方法治社会的发展奠定了基础,树立了样板。

(二)中世纪城市自治法治形态

中世纪的欧洲社会是罗马天主教神权和神学占统治地位的社会,从总体上看,这个时期的欧洲社会是一个迷信、封建、保守、专制、反法治的社会,但从局部上看,这时候的欧洲社会,仍然还闪烁着一丝相对微弱的法治之光——我们称之为城市自治法治。其主要特征是:第一,这种法治主要存在于当时集中了一大批手工业者和商人的

---

① 亚里士多德.政治学[M].吴寿彭,译.北京:商务印书馆,1965:116-117.

具有高度自治权的新兴城市公社或城市共和国中。第二,这种法治的基础是在自治的城市共和国内部形成的"一整套合乎商业资本主义发展并由市民等级自己建立起来理性化的社会制度"①。第三,这种法治的根据是体现城市市民社会的精神和规则的以商法为中心的城市法,这种法实际上是"自治城市公社"的自治规则。第四,这种法治的形式是以自治城市公社中的商会、行会、自治法庭为中心的"社会司法"模式。

这种法治形态对世界法治发展史的贡献在于:它延续、传递了古典法治精神的火种,为近代资产阶级法治的兴起创造了条件,提供了样本。

(三) 近代自由理性法治形态

17—18世纪的资产阶级革命的胜利,把近代自由理性的法治形态推向了法治的前台。其主要特征是:第一,以近代启蒙思想家提出的古典自然法、社会契约论等政治、法律思想为理论武器,以天赋人权、主权在民、法律至上、个人自由等人道主义观念为核心内容,以理性、自由、平等、正义、博爱等伦理范畴为价值取向。第二,这种法治的基础是资产阶级民主共和国建立起来的普选制、代议制、政党制、三权分立制等自由资本主义的民主制度。第三,这种法治的现实根据是体现自然法观念的各种制定法,尤其是它的成文法和衡平法。第四,这种法治的目标是通过体现正义的司法独立和律师自由制度实现的。

这种法治形态对世界法治发展史的贡献在于:它将古典法治的精华发扬光大,并推向更高的境界和更新的阶段,成为现代法治的基

---

① 方朝晖.市民社会的两个传统及其在现代的汇合[J].中国社会科学,1994(5).

础和先驱。

(四) 现代民主权利法治形态

法治形态发展到现代阶段,无论是在质和量方面还是在广度和深度方面都发生了根本的变化,这种变化的特征因构成其基础的资本主义制度和社会主义制度的不同而呈现出根本差异。但这一阶段的这两种法治也有一些共同的特征:第一,在法治的品质上,都注重强调法的正义性、合理性。第二,在法治的内容上,都注重强调社会和国家生活的民主化以及对公民和社会权利的尊重与对政府权力的限制。第三,在法治的施行上,都注重强调法律的至上地位和对法律的遵守,强调司法的独立性和依法行政的必要性、严格性。第四,在法治的形式上,都有各种具体的、复杂多样的特色,这些特色与各国在国体、政体、历史传统、文化背景、民族特点等方面的具体不同有关,也跟日益急剧变化、不平衡发展的世界经济、政治状况密切相关。

这种法治形态对世界法治发展史的贡献在于:它一方面向人们展示了法治文明不断发展、演进的客观事实,另一方面也表明了这种演进复杂渐变、多向分化的可能趋势。

在人们传统的观念中,好像法治仅仅存在于西方,认为中国社会尤其是中国古代并没有法治,但这种认识是狭隘的[①]。中国古代社会也无疑存在着流动的法治,这个法治以儒家的思想观念为主导,同时又吸收法家的合理思想,在实用理性的引导下构成了中国卓然独具的法治类型,发人深醒;直至发展到近代,西方人的大炮打开了中国的大门,中国法治的发展被中断,开始法治西化的历程。然而,直到今天,我们并没有依照西方法治"画瓢",而是尊重传统、因地制宜地

---

① 王凤鸣.关于法治的新思维:《法治类型研究》评介[J].河北师范大学学报,2012(3).

进行着中国特有的法治进程。

三、中国的法治进程

(一) 传统中国的儒家型法治

传统中国文化以儒家文化为主,其法治类型是儒家型法治。传统中国的儒家型法治,无论从立法上还是司法上都体现了道德与法律、礼与法、情与理的恰到好处的结合。其立法的成就主要体现在唐律等法典之中,唐律体系之严谨、逻辑之精密、概括之恰当、义理之深邃,即使现代社会的法典也很少有比得上的。能够产生如此精深的法典,自然是儒法相结合的产物,没有儒学的积淀,唐律的义理不可能那么深邃;没有法家精神的贯彻,唐律便不会具有法的性质。司法是维护法律的重要手段。古代司法常常能在法律与情理之间找到恰当的结合点,既不损害法律的尊严,又迎合了社会的情理要求,从而能够得到社会的认同。当然,任何一个社会都不可能达到法治的十全十美的状态,古今皆然,不过,传统中国的儒家型法治对于它所属的那个社会而言是一种有效的法治状态,对于这样一种长达几千年而又能有效发挥作用的法律运作方式,我们应当挖掘其对今天的法治建设所能发挥的作用。

(二) 中国传统法治与现代法治的不同

中国传统法治与现代法治相比,既是法治类型的不同,又是法治的不同发展阶段。笔者认为,两者的区别在于以下三个方面:第一,传统法治与现代法治所依赖的社会结构不同。传统社会是宗法制社会。在宗法制的社会结构条件下,法律的运作必然与宗法制的存在相适应,传统中国的立法、司法与守法都体现了宗法制的统一。现代社会的法治是民主型法治,它的社会基础是商品经济的发展及其所带来的全新的、开放式的、彼此陌生化的社会结构。在该社会结构中,人们之间的争执往往求助于法律来解决。第二,传统法治与现代法治的政体基础不同。中国古代的政体是开明君主专制,这使得古代的立法和司法在某种程度上能够反映民间社会的呼声,表现了一定程度的开明化趋势。当代中国是民主政体,为了实现民主,法律的形式化和确定性在加强,要求对每一个人都平等,以此来保障每一个人的自由和人格。第三,传统法治与现代法治的基本精神、文化基础及人们对待法律的态度不同。传统法治的基本精神是儒家伦理,以经验理性的儒家文化为基础,所以在法律的运作过程中具有经验理性和伦理化的色彩,导致人们倾向于回避法律,有厌讼心理。而现代法治的基本精神则是追求民主、平等、自由、人格等现代性价值,坚持以马克思主义为指导,要求人们对法律有信仰,因为现代民主型法治能够从根本上维护个体的价值。①

(三) 法治中国的发展历程

我们以历史的眼光审视过去几十年发生在中国的变化,我们不得不承认中华民族正在经历"千年未有之大变局"。在这"大变局"的过程中,中国共产党"摸着石头过河",不断调整治国方式,为建设法治中国而不懈努力。

其一,法治中国萌芽于改革开放初期。邓小平在答外国记者问时曾说过,我们的国家有几千年封建社会历史,缺乏社会主义的民主和社会主义的法制。所以我们现在就需要去建立社会主义的民主和

---

① 姜燕,武建敏.古今法治类型比较研究[J].铁道警官高等专科学校学报,2005(3).

法制。其二,法治中国酝酿于十三届四中全会时期。早在 1989 年 9 月的中外记者招待会上,江泽民就曾郑重宣布了我国坚持依法治国的决心,并一再强调,我们一定要遵循法治的方针。其三,法治中国确立于党的十五大。将过去"建设社会主义法制国家"的提法变为"建设社会主义法治国家",是江泽民明确提出的依法治国基本方略,并于第九届全国人大二次会议将"依法治国"载入宪法。其四,法治中国发展于党的十六大、十七大。党在十六大提出的建设社会主义政治文明的战略任务,其实就是将法治推向政治领域。十七大报告中指出"坚持依法治国的基本方略,树立社会主义法治理念,实现国家各项工作法治化,保障公民合法权益"。其五,法治中国在党的十八大被提到新的高度。胡锦涛在十八大报告中特别强调了法治在国家治理和社会管理中的重要作用,并在多次讲话中强调坚持依法治国、依法执政、依法行政的重要性以及坚持法治国家、法治政府、法治社会建设的必要性。十八届三中全会将法治中国写入《中共中央关于全面深化改革若干重大问题的决定》,意味着"推进法治中国建设"已成为中国新时期法治建设的新目标和新要求。其六,党的十九大报告是新时代法治中国建设的总纲领。十九大报告对于全面推进依法治国工作作了很多重要论述,这些论述将成为中国特色社会主义新时代全面推进依法治国的总纲领;报告还提出成立中央全面依法治国领导小组,加强对法治中国建设的统一领导,调动全党、全国、全军、全社会的力量推动法治建设。

　　法治与国家、地区治理体系和治理能力有着内在的联系及外在的契合。在现代国家,法治是国家、地区治理的基本方式,是国家、地区治理现代化的重要标志,国家、地区治理法治化是国家、地区治理现代化的必由之路。通过健全和完善国家、地区治理法律规范、法律制度、法律程序与法律实施机制,形成科学完备、法治为基的国家、地区治理体系,使中国特色社会主义制度更加成熟、更加定型、更加管用,并不断提高运用社会主义法治体系有效治理国家、地区的能力和水平。

四、现代法治与国家、地区治理现代化

(一) 法治是国家、地区治理现代化的基本表征

法治与人治代表着两种不同的治理模式。法治是现代国家、地区治理的基本方式,实行法治是国家、地区治理现代化的内在要求。现代法治的核心要义是良法善治(good governance)。正是现代法治为国家、地区治理注入了良法的基本价值,提供了善治的创新机制。国家、地区治理现代化的实质与重心,是在治理体系和治理能力两方面充分体现良法善治的要求,实现国家、地区治理现代化。

现代法治为国家、地区治理注入了良法的基本价值。就国家、地区治理体系而言,良法就是良好的制度。国家、地区治理是不是良法之治,关键看国家、地区治理制度体系贯通什么样的价值观和价值标准。以国家治理现代化的世界元素和中国标准而言,秩序、公正、人权、效率、和谐等当属其基本价值。

同时,现代法治为国家、地区治理提供了善治的创新机制。善治,是就国家、地区治理能力而言的。国家、地区治理是不是善治,关键看治理的目的、机制、方式、方法。善治,是个典型的外来语。国外学者对善治有多种解读和解释,其中法国学者玛丽-克劳德·斯莫茨的解读具有一定的代表性,她认为善治包括四大要素:第一,公民安全得到保障,法律得到尊重,特别是这一切都须通过法治来实现。第二,公共机构正确而公正地管理公共开支,亦即进行有效的行政管

理。第三,政治领导人对其行为向人民负责,亦即实行责任制。第四,信息畅通,便于全体公民了解情况,亦即具有政治透明性。① 在中国语境中,善治远远超出了西方学者赋予善治的语义,其基本特质一是以人为本,二是依法治理,三是公共治理。

(二) 法治化是国家、地区治理现代化的必由之路

推进国家、地区治理法治化,是治理现代化的题中应有之义。国家、地区治理法治化包括治理体系法制化和治理能力法治化两个基本方面。

国家治理体系本质上就是国家制度体系。中国特色社会主义国家治理体系由一整套制度构成,包括以中国共产党党章为统领的党内法规制度体系、以党的基本路线为统领的政策制度体系、以宪法为统领的法律制度体系。这套制度体系,从治理主体角度,包括执政党中国共产党、人民及其代表大会(代表人民统一行使权力的国家机关)、国家行政机关、国家司法机关、人民政协、社会组织等在国家治理中具备主体地位的制度;从治理客体角度,包括经济治理制度、政治治理制度、文化治理制度、社会治理制度、生态治理制度等;从治理事务角度,包括改革发展稳定、内政外交国防、治党治国治军等治理制度;从治理权能角度,包括各治理主体的资格和权力(职权)或权利的制度,以及科学界定和划分各种权力、权利的制度;从治理程序角度,包括行使治国理政权力和参与治国理政的各种程序制度;从治理评价角度,包括国家治理方式、过程和效能的评价制度。国家治理的各项制度总体上最终都要汇总于、表现为法律制度体系,即法制化的制度体系。地区治理体系就是国家治理体系的地方化。国家、地区

---

① 玛丽-克劳德·斯莫茨.治理在国际关系中的正确运用[J].肖孝毛,译.国际社会科学杂志(中文版),1999(1).

治理制度只有通过法制化,才能定型化、精细化,把国家、地区治理制度的"分子结构"精细化为"原子结构",从而增强其执行力和运行力。

国家、地区治理能力,既指各主体对国家、地区治理体系的执行力,又指国家、地区治理体系的运行力,还包括国家、地区治理的方式方法。习近平指出:必须适应国家现代化总进程,提高党科学执政、民主执政、依法执政水平,提高国家机构履职能力,提高人民群众依法管理国家事务、经济社会文化事务、自身事务的能力,实现党、国家、社会各项事务治理制度化、规范化、程序化,不断提高运用中国特色社会主义制度有效治理国家的能力[①]。治理能力具体包括执政党科学执政、民主执政、依法执政的能力,人大及其常委会科学立法、民主立法的能力以及依法决定重大事项、保证宪法法律实施、对"一府两院"实行法律监督和工作监督的能力,人民政府科学行政、民主行政、依法行政、严格执法的能力,司法机关公正司法、定分止争、救济权利、制约公权、维护法制的能力,广大人民群众、人民团体和社会组织依法管理国家事务、经济社会文化事务,依法自治的能力,党和国家各级领导干部深化改革、推动发展、化解矛盾、维护稳定的能力。提高这些能力,最重要、最关键的就是提高运用法治思维和法治方式的能力,解决法治缺位情况下治理动力不足和能力不够的问题,将法治理念、法治精神贯穿到治国理政中,并正确处理好改革与法治的关系。

(三) 在国家、地区治理现代化的进程中,加快推进法治现代化

目前,我国的法治水平和能力尚不能满足国家、地区治理的现实需要,也不适应"形成系统完备、科学规范、运行有效的制度体系"和

---

① 新华社.习近平:完善和发展中国特色社会主义制度 推进国家治理体系和治理能力现代化[N].人民日报,2014-02-18.

"加快形成科学有效的治理体制"这一治理现代化阶段性目标的要求。为此,我们要以时不我待的紧迫感和使命感,以改革创新的姿态和锐气,抓住有利时机,加快法治建设,在积极应对国家、地区治理迫切需要的同时,紧跟国家、地区治理现代化的步伐,同步推进法治现代化。法治现代化的目标是加快推进我国法治的转型升级,其实践路径包括:从法治国家转型升级为法治中国,从法律之治转型升级为良法善治,从法律大国转型升级为法治强国。

从建设法治国家到建设法治中国,意味着我国法治建设的转型升级。"法治中国"的内涵比"法治国家"更加丰富、更加深刻、更具中国特色。建设法治中国,不仅要建设法治国家,还要建设法治社会、法治政党、法治政府;不仅要推进依法治国,还要推进依法执政、依法行政、依法自治;不仅要搞好国家法治,还要搞好地方法治、行业法治,促进国家法治、地方法治、行业法治协调发展;不仅包括有形的法律制度硬实力建设,还包括无形的法治文化软实力建设,弘扬法治精神,培育法治文化;不仅致力于国内法治建设,还要面向世界,推动国际关系和全球治理法治化,构建民主法治、公正合理、合作共赢的国际经济政治新秩序,提升中国在全球治理中的话语权和影响力。

反思中国古代工具主义的法治文化及其在当代中国的影响和西方近代形式主义法治文化,总结改革开放以来我国法治建设的利弊得失,在社会转型的历史时期,我们应当严肃地思考一个问题:我们需要什么样的法治,也就是说,中国法治的核心价值和精神元素是什么,法治的中国模式应该是什么。回答只有一个:中国法治作为现代法治,不仅应当是形式上的法律之治,更应当是良法之治。这种形态的法治同现代社会的制度文明和政治文明密不可分,它意味着对国家权力(尤其是立法权力)的限制,对权力滥用的制约与制衡,对公民自由与权利的平等保护等;意味着立法、行政、司法以及其他国家活动必须服从法律的一些基本原则:人民主权原则、人权原则、正义的原则、公平合理且迅捷的程序保障原则等;意味着法治要求国家维护和保障法律秩序,但国家必须首先服从法律的约束;法治要求人民服从法律,但同时要求人民服从的法律必须是建立在尊重和保障人权的基础之上。这一形态的法治就是内含民主、自由、平等、人权、理性、文明、秩序、正义、效率与合法性等诸社会价值的良法之治。我国用几十年时间走完了西方发达国家几百年的立法行程,通过大量规范性法律文件的制定,我国建立起适应市场经济、民主政治、人权保障、社会发展、环境保护要求和需要的法律制度。我国已经成为一个法律大国,但还远不是一个法治强国。从法律大国转型为法治强国,是法治发展战略的历史性转型,是我国法治转向科学发展的过程,需要为此付出艰巨的努力。只有实现了法治强国,我国才有可能成为名副其实的强国。正如胡建淼所言:"法治立国、法治稳国、法治救国、法治强国,是人类文明发展的经验总结。""法治是中国的强国途径,法治强国是中国的战略目标。"①

【作者简介】

商晓东,桐乡市人民检察院党组成员、副检察长。

陆明敏,女,1989年11月出生,浙江大学法学硕士,现任桐乡市人民检察院濮院检察室副主任。承办公诉案件100余件。2013年2月,被嘉兴市人民检察院记个人三等功一次;2016年1月,被嘉兴市人民检察院嘉奖一次;2018年4月,在嘉兴市公诉业务竞赛中荣获优秀公诉人称号。公开发表检察理论文章多篇,曾荣获嘉兴市检察理论研究年会二等奖等。

---

① 胡建淼.走向法治强国[J].国家行政学院学报,2012(1).

我国当前法治建设存在的缺陷及其完善

李成成

摘 要：从客观角度来说，法治已经成为当代社会发展的主要标志之一，也是实现中国的社会主义现代化不可缺少的重要理论，在国内完成法治社会的建设，是当代所有中国人共同奋斗的主要目标。为了确保国家统治职能以及社会公共职能的顺利实施，首先必须保证法治在当前社会进步中所扮演的主导角色，但是在这个过程中，我们也必须意识到法治社会存在的主要问题，比如法治的调整领域是有限的、徒法不能以自行等问题。这就需要我们对当前的社会主义法治建设进行深入剖析，明确其存在的缺陷及产生原因，并探究如何对其进行进一步完善，从而更好地实现我国社会主义法治建设。

关键词：法治 缺陷 完善

从专业的角度来看，法律具有较为明显的稳定性以及连续性，在这个过程中可以形成较为权威的社会调整器。法律本身所具有的权威性和连续性可以在一定程度上维护当前社会秩序的正常运转。可以借助法律约束的作用,对当前人类的一些不良行为进行抑制。所以在确保国家统治职能和公共职能实现的同时,树立以法律为主的发展观念是十分重要的。当然,虽然法治的好处是不言而喻的,我们却不能不看到法治的缺陷与弊端。近年来一些社会怪象足以说明问题,比如国民法治意识、法治信仰仍处于低位水平,信访不信法、执行难等现象仍层出不穷,这些都值得我们进行深入的研究探讨。

一、我国当前法治建设存在的缺陷

(一) 法律价值的缺陷

法律本身具备不可估量的价值,这一价值体现在法律可以作为规范文本对客体的一些行为产生约束作用,比如现代社会所追求的正义和公平都是法律价值的完美体现。但是法律价值并不是完全统一的,在某些特定的时期,必须以一种法律价值来换取另外一种法律价值,这些法律价值本身之间是不能够同时拥有的,而彼此之间的矛盾冲突可能会使得法律文本陷入更大的困境。在这种情况下,就需要国家相关部门结合社会实际情况充分发挥各自的职能作用,找出在特定案件中哪种法律价值是值得进一步维护的,当然,在追求某一法律价值的同时,还要尽可能将另一法律价值的损害降到最低。

(二) 法律自身特点带来的缺陷

从客观角度来说,法律都是由人结合社会现实而制定的,但是人类的认识范围毕竟是有限的，不可能脱离当前的社会现实考虑到未来几百年发展可能出现的情况，即使当前制定出来的法律文本具有明显的超前性，但是仍然会随着社会的不断进步与发展进行相应的调整。为了有效地防止司法部门滥用法律去谋求个人私利，在制定法律文本的过程中，必须要求其具有一定的明确性。但是法律文本的明确性可能会导致法律在适用过程中出现一些僵化的状态，致使法律的初始目的无法实现。

（三）法治的调整领域有限

法治社会是人们追求的理想社会，但是法律文本只是为了维持当前社会生活秩序运转的前提条件。通过特定的法律文本规定，强制所有公民必须按照既定的法律文本开展一系列的工作以及其他行为，但是法律在调整社会关系的过程中只是针对某一特定的部分，并没有涉及当前社会的所有领域。法律体系即使包含内容非常广泛，但是也不能够将所有的社会事务包括进来，在现代社会生活中总有一些领域是法律无法介入的，也就是说，在处理这些问题时法律无法发挥自己的积极作用。社会在发展与进步的过程中都需要依赖于法律来实现社会规范的作用，因此，在对社会秩序进行调整时并不能够完全依赖于法律这一单一的手段，还必须借助道德规范的方法实现社会的治理。

（四）徒法不能以自行

法不能够自行，换句话说，即使再全面的法律也需要借助人这一媒介来贯彻落实。法律从最初的立法到最终的实施阶段都与人有着密不可分的关系，人在这个过程中不仅承担了客体角色，同时也是法律文本实施的主要对象。

二、法治缺陷存在的原因

(一) 立法缺陷在源头导致了法治缺陷的产生

1. 立法指导思想存在偏差

在"宜粗不宜细""有总比没有好"等指导思想支配下,只是一味追求当前法律的数量,而忽视了对法律质量的控制。从专业角度来看,法律本身具有非常明显的外部特征,一部分法律往往是对社会某一现象的原则性概括,从内容上来说与国家相关部门出台的一系列政策,并没有本质的区别,但是在执行过程中可能会与当前复杂的社会关系产生排斥作用,在实际操作阶段就会明显地发现一些法律文本的规则界定并不是十分清晰,这就导致执法部门在工作过程中没有一个统一的标准。立法过程中,大多数情况下是从片面的角度考虑法律的基本内容,因此,可能会与现存的法律产生一定的冲突,并且导致副法体系出现不可避免的膨胀现象。从我国当前的立法状况来看,已经出现了一个怪圈:一方面,很多部门在执法过程中出现了无法可依的现象;另一方面,相关部门出台的一系列法律缺少实践性,在实际操作过程中面临非常多的问题。①

2. 立法缺乏亲和力,与社会脱节

立法人员在起草法律文本之前必须事先考察当前的社会现实,在制定法律过程中,必须考虑到民众的基本情况以及是否能够及时地接纳这些法律文本,如果不遵守这一规则,那么最终出台的法律也就毫无意义。我国在立法过程中有时会忽视社会现实,传统的法控制指令已经深入人心,在一定程度上对一些新的法律体系产生了明

---

① 田磊.法治在构建社会主义和谐社会中的作用研究[D].北京:中国石油大学,2007.

显的控制作用,因此使得部分法律在当前社会进程中出现了一种循环的状态。虽然我国在发展过程中也面临着非常多的法律问题,但是在对法律文本进行表述时却并不是完全采用中国化的语言进行的,西方的法律词汇在一定程度上也对我国的法律问题产生或多或少的影响。除此之外,法律万能论的立法思想在一定程度上导致了国家出台的法律文本非常普遍,从而使法律的数量也在不断增加,但是立法部门却没有考虑到我国民众是否能够完全接受并且消化这些法律文本的客观现实,最终导致当前大量社会问题在处理过程中产生了非常多的矛盾。

3. 立法主体众多,立法权限混乱,法律冲突加剧

就我国的立法部门来看,中央和地方政府均分布了相应的权力机关,而这些机关或多或少都拥有一定的立法权力,但是这些立法主体之间的权限范围并没有进行法律上的明确规定,所以很容易出现对同一社会现象的反复立法行为。在处理相关问题时,立法人员往往会站在各自的立场上去考虑法律文本的使用范围,进而出现了互相矛盾的局面。

(二)法治建设相对滞后

我国法治进程虽持续推进,但广大群众的法治意识、法治信仰仍处于低级阶段,在现实生活中信访不信法等现象仍层出不穷,这种状况在当下农村尤为突出。

1. 国家法治的推进忽略了群众在法治化进程中的作用

从客观角度来说,国家法治如果仅仅依赖于国家和政府部门的部署与规划,完全忽视群众在法治化进程中承担的主要角色,那么会导致法治化的进程不断减慢;而且法律文本在制定过程中如果缺乏基层群众的广泛参与,那么会使得人民处于被动接受法律的状态内,

这种做法不利于国家内部的凝聚和稳定。徒法不能以自行,也就是说,再完善的法律法规也需要通过人的媒介才可以执行下去,人在法律文本规范之下既扮演了客体的角色,同时也是法律文本执行过程中的主要对象。

除此之外,国家法制的实施因为承载主体的变化而发生了变化,非常容易出现对法治基本价值的集中体现,换句话说,就是侧重于对法制安全以及社会秩序的维护,忽视对法治正义和公平的法律价值的正确宣扬,最终使得法治建设工作偏离原本的预期目标。

2. 乡村法治建设相对滞后

法治是治理体系和治理能力现代化的重要基石,有效的乡村治理离不开乡村法治建设,但目前我国乡村法治建设还存在着不少问题:一是乡村法规体系不完善,仍然存在着非常多的空白领域,涉农立法大多数还停留在部门规章的水平,法律效力并不是十分明显;二是农村干部群众法治信仰缺失较为严重,重人治轻法治、重信访轻法律的现象还很突出,群众学法、懂法、用法的能力十分有限,大多数农村地区基层干部的法律素养相对较低,在处理相关社会问题时没有意识到法律的重要性[①]。

三、完善我国社会主义法治建设的必要措施

(一)在全社会大力推进法制宣传,培养和塑造公民的守法精神

为了更好地建设社会主义法治国家,在当前阶段,必须结合我国

---

① 罗光宇. 农村法治建设的要素性缺陷及其完善[J]. 榆林学院学报,2008(9).

的实际情况开展对应的法制宣传教育工作。我国立法工作经过了长达几十年的完善后,已经取得了非常多的令人瞩目的成就,如果要求所有的法律法规能够真正地发挥积极作用,那么还需要提升我国公民对法律文本的认同感。如果大多数公民并不认同某一项法律,那么以这项法律作为手段处理相关问题时就可能引发一系列的社会矛盾。

1. 应加强普法工作力度,丰富普法形式

传统的普法教育在一定程度上对我国公民法制意识产生了一定的限制作用,所以在当前发展阶段有关部门应该加强对普法工作的投入力度,不断扩充普法的形式,法律普及过程中必须注重对法律价值理念的培育,而相关的普法内容也应该随着社会的发展而不断变化[①]。更多的是满足当前基层人民群众对于了解法律文本的实际需求,通过特定的宣传手段,可以让更多的基层群众了解到当前法律法规的具体内容,从而引导基层群众通过法律渠道来维护自己的合法权益。同时还要结合不同的对象确定普法工作的重点内容,充分利用新媒体等网络平台加强对一些典型事迹的宣传力度,确保可以有效提升当前宣传教育的效果。

2. 大力加强法学教育

法学教育是国家和地区法律制度的重要组成部分,如果没有形成统一稳定的法律教育制度,那么建设法治社会就无从谈起。一般情况下,从事法律职业的人员必须具备一定的法律基础,我国明确表示只有那些接受过专业法学教育的人才有资格从事有关法律的相关职业。当然法学教育的任务并不仅仅是对某一群体进行职业培训,主要目的是对全体人民的法治精神以及法律意识进行正确的引导。

---

① 柯卫,朱海波. 社会主义法治意识与人的现代化研究[M]. 北京:法律出版社,2010:274-275.

3. 要与法治实践紧密结合

深入开展法制宣传教育工作,一定要确保工作的效率。在当前发展阶段一定要侧重于满足人民群众的实际法律需求,确保可以与基层群众之间建立相应的沟通与交流,通过特定的渠道向基层群众介绍有关法律的相关知识,提高当前普法工作的针对性[①]。

(二) 建设法治与德治相结合的路径及机制

1. 对全民进行社会公德教育

社会公德是当前人类生活过程中应当遵守的社会标准,也是当前人类社会文明发展的重要标志。就像我们日常生活中通常所说的尊老爱幼以及爱护公共财物等相关内容都是社会准则和社会标准。我国当前处于社会转型的关键时期,一部分公民的价值观出现了偏差,也与当前市场化发展带来的影响有一定关系。我国如果想尽快走向文明阶段,那么必须结合社会的实际情况开展全面的公德教育,尽可能完善当前公民的法律道德意识。

2. 以道德引导立法活动

依法治国的前提条件是法律必须反映当前社会发展的客观事实,必须保证法律价值观念的正确性。为了保证形成这种体系的法律文本,从最初的立法到最终的执法都必须遵守社会道德。详细来说,在立法过程中道德观念所充当的角色主要有以下两点:第一,将道德作为当前立法工作的重要渊源。在进行立法工作时,必须考虑到社会道德因素以及道德准则所带来的影响,并将这些内容作为法律文本制定的前提条件。第二,立法必须以道德作为主要的标准,如果不遵守这一规则,则会出现法律漏洞。

---

① 刘凝.公益法学[M].北京:法律出版社,2011:120.

3. 提高执法主体的道德能力

执法活动是依法治国实施的前提条件。法律的正确推广在一定程度上依赖于执法主体在工作过程中是否遵循了相应的道德标准,换句话说,执法人员道德水平与执法质量有着密不可分的关系①。对司法法制实现产生影响的两个因素当中,执法人员道德水平的影响程度更大,如果其道德水平不高,严重情况下可能会对当前的法律权威产生一定的副作用。所以执法人员在进行岗位培训的过程中必须确保具有相应的职业道德,确保在工作过程中能够按照法律的标准去执行具体的内容。从司法角度入手,应该采取一系列科学有效的方法,尽可能提升我国司法工作人员的专业素养。

4. 匡正守法者的道德心态

依法治国的最终目的是确保法治社会的顺利实现。而法治的完全实现是以法的实现为主要衡量标准的。法的实现直接表现为法律规范在日常生活中的落实情况。对于一个合法的公民来说,遵纪守法是一项基本的道德义务,换句话说,在法治状态之下的守法行为应该是服从自己的内心,以自己内心的道德标准去对当前的一些行为做出正确的评价,并不是因为担心违法之后的一系列惩罚而遵守法律。健康的守法心态是社会道德在人们心理上的正常体现。虽然法律具有强制性,但是无法强迫人们从内心服从这些法律。所以实现法治社会的前提条件是必须保证所有公民都能够从道德的角度上遵守法律文本。

(三)建设国家法治与社会自治互动机制

如果从国家和社会关系的角度入手,我们可以明确看出现代法

---

① 夏红莉. 新时代构建自治、法治、德治相结合的乡村治理体系的思考[J]. 大连干部学刊,2018(1).

治国家法治与社会自治的统一结合,两者在发展的过程中通过互相影响可以确保法治社会的顺利实现①。如果在立法过程中只考虑到国家法治而忽视了社会自治的情况,那么会使得国家在发展过程中逐渐趋向于社会化,反过来会对法治本身的相关概念进行否定。从另外一方面来说,如果在立法过程中侧重于社会自治,忽视了国家法治的积极作用,那么社会在运行过程中可能会失去原有的独立性,成为国家制度下的一种附属产品。

1. 社会自治应当成为国家法治推进的社会基础

现代化民主社会应该将法律作为公民意志的体现,也是公民参与到立法工作的基本标准,国家相关部门可以通过这一渠道完成对社会秩序的良好控制。作为一项基本的社会工具,大多数法律来源于现有的自治社会,同时也会对社会的某些现象进行约束与管理,因此,必须从法治社会中去寻求发展的重心。

2. 国家法治所依之"良法"应通过社会自治不断建构

从宏观层面上来看法律是由国家制定并且要求公民强制执行的一种文本,但是,立法人员对当前社会法律的认知程度毕竟是有限的,随着社会的不断发展与进步,法律体系也会出现更多的矛盾与漏洞。而通过社会自治的方法,可以确保所有的公民都能够参与到立法工作中来,通过不断地了解与反馈,将原有普遍主义的道德原理逐渐转化为实际的理论。因此,国家法治的积极作用必须在当前社会自治的环境之下才能够不断地体现,从这个角度上来说,如果一个国家或地区的法律并不以回应社会自治为前提条件,仅仅依赖于国家立法部门进行创立,那么就不能够为社会的发展带来一定的法治作用;如果国家的治理工作与社会的实际需求产生了矛盾,那这种法律

---

① 张文显.法治中国建设的前沿问题[J].中共中央党校学报,2014(10).

就完全发挥不出任何作用,借助法律的形式去维护社会秩序更无从谈起。

3. 国家法治的普遍遵守必须以社会自治为基础

国家法律文本在制定之后应该确保整体的权威地位,而法律权威的实现不仅依赖于国家的强制执行,同时也与法律内在的说服力有着密不可分的关系,从某一价值体系上来看,法律文本只有建立在内在说服力的基础之上才能够实现至高无上的权威。如果要确保法律在这个过程中产生内在的说服力,那么就必须在社会自治的环境之下形成民众认同的意识形态[①]。相反,如果国家不能保证法律文本得到社会群众的普遍遵守,过分依赖于国家的强制力去维护当前的社会秩序,那么就会出现预期之外的效果,也就是说,这种社会秩序是由国家强制保证才出现的,与社会内部缺乏的亲和性和协调性并没有直接的联系。因此笔者认为,实施社会自治可以借助"社会化学"的方法,在原有的法制土壤之内增加有关法制生长的必备元素,也就是我们上面所提到的基层群众自觉遵守的法律意识,为国家法治社会的建设注入更加强劲的动力。

【作者简介】

李成成,男,1990年2月出生,西北政法大学法律硕士,现任桐乡市人民检察院民事行政与控告申诉部检察官助理。

[①] 殷成洁.试析公民自治与行政法治的良性互动发展关系[J].淮海工学院学报,2004(6).

坚守法治理念　弘扬传统美德
——从彭宇案看转型期社会道德焦虑的有效化解

吴强林

摘　要：彭宇案引发了社会道德焦虑，这一个案背后隐藏着诸多深层次的原因。坚守法治理念，维护公平正义，可以在一定程度上阻却因个案不公而导致的社会道德焦虑的产生。适度批判、正面引导是化解社会道德焦虑的两种基本手段，弘扬传统美德则是加强正面引导的有效方法。对传统美德的宣传与弘扬要适度，才不至于让这种价值引导走向另一种极端。

关键词：法治理念　传统美德　道德焦虑

彭宇案将公民个人做好事这个道德自律问题，上升为一场席卷全国的关于"老人倒地该不该扶"的价值观大争论，及至后来"北大校长撑腰体"及各种版本"撑腰体"的出现，这场价值争论以几近"戏剧化"的形式收尾。然而，"撑腰"并没有让所有中国人都"勇敢地站出来",佛山小悦悦事件将这场道德危机推向舆论批判的顶峰,"小悦悦事件大拷问""冷漠不应成为流行病""麻木是罪魁祸首"……一时间,似乎整个社会都被异化为没有丝毫温情的冰天雪地。对社会黑暗面的过度渲染以及由此而引发的价值争论并没有将人的行为引上良善的正途,于是,媒体又迅速地推出了一些助人为乐的典型:最美女教师张丽莉、最美司机吴斌、最美妈妈吴菊萍……各种"最美之花"争相竞放,仿佛一夜之间,我们的社会又突然变得温情脉脉,人间到处是真情。

彭宇案引发了社会道德焦虑,这一个案背后隐藏着诸多深层次的原因。坚守法治理念,维护公平正义,可以在一定程度上阻却因个案不公而导致的社会道德焦虑的产生。适度批判、正面引导是化解社会道德焦虑的两种基本手段,弘扬传统美德则是加强正面引导的有效方法。对传统美德的宣传与弘扬要适度,才不至于让这种价值引导走向另一种极端。

一、社会道德焦虑产生的原因

(一) 社会结构变化造成"他是谁,我为什么要"式信任焦虑

虽然改革开放已经40年,但传统熟人社会对人的行为依然有着潜在的重要影响。在传统熟人社会里,人口流动性小,在一个相对封闭的区域内,社会成员之间或多或少都有着血亲、姻亲或自认亲等各种各样千丝万缕的联系。正如费孝通所言,"乡土社会里从熟悉得到信任",这种传统熟人社会结构是社会成员之间互帮互助的基础,也是社会道德发生作用的基础。如今,这种传统熟人社会结构发生了很大变化,人与人之间变得陌生、疏离,城市里同一小区同一幢楼甚

至门对门的两家人互不相识是极其常见的事情。这种陌生化的社会结构让社会成员之间产生信任障碍,也就阻碍了传统道德机制正常发挥作用,个体普遍产生"他是谁,我为什么要"式的信任焦虑。

(二)社会阶层分化造成"我是谁,我如何能够"式人格焦虑

在贫富差距持续拉大、社会各阶层分化越来越明显的今天,处于社会阶层金字塔顶端的少部分人掌握了绝大多数的财富、人脉等各种社会资源,而其他阶层的人则往往陷于"我是谁"这样的焦虑和困境。"我是谁"的潜台词是"我是谁的谁""我可以倚仗的是谁",最突出的莫过于"我爸是李刚"这样的例子。然而"李刚"者毕竟是少数,绝大多数人并没有一个"李刚"可供倚仗。所以,对于绝大多数个体来说,在中国这样一个人际关系错综复杂、"人脉就是生产力"的社会里,"我"既然不是谁,无所倚仗,那一旦"我"自己陷于困境,"我"又如何能实现自我保护?由于想要有所倚仗却没有门路,绝大多数人在这种人格焦虑和道德困境中选择了退避——自我尚不能保护,何能保护他人呢?

(三)对社会黑暗面过度曝光造成"心有余,却又怕力不足"式心理焦虑

彭宇案及小悦悦事件发生后,报纸、杂志、电视、网络上,各种连篇累牍的报道、义愤填膺的批判、片面偏激的言论甚至赤裸裸的怒骂和人身攻击层出不穷,给受众造成一种"社会原来如此"式的错觉,于是,"既然救人反要被讹,那干脆不要'多管闲事'吧","既然那么多人都没有去救,那肯定是有原因的,凭什么我要出头呢"。所以,这种选择性、扎堆性的报道与批判实际上早已背离了"揭露真相、批判丑陋"的新闻目的,反而变为一种负面引导,更加强化了受众的内心焦虑,

使之进一步陷于"做或不做"的道德选择困境中。

二、坚守法治理念,维护公平正义

对于彭宇案,今天再来讨论案件真相以及孰是孰非,已然没有意义。但彭宇案引发的严重社会道德焦虑及其后续发酵,却是不容忽视的。彭宇案之所以引发社会道德焦虑,当然有舆论过度放大等各种因素,但最关键的还在于案件判决没有依法作出。纵观彭宇案判决书,我们没有看到证据和法律发挥决定性作用,相反,逻辑推理和日常生活经验成为判决的主要依据。更要命的是,判决书中的逻辑推理还不能让人信服,"根据被告自认,其是第一个下车之人,从常理分析,其与原告相撞的可能性较大","如果被告是见义勇为做好事,更符合实际的做法应当是抓住撞倒原告的人,而不仅仅是好心相扶;如果被告是做好事,根据社会情理,在原告的家人到达后,其完全可以在言明事实经过并让原告的家人将原告送往医院,然后自行离开,但被告未作此选择,其行为显然与情理相悖"。在判决书这种通篇的逻辑推理和日常生活经验法则论述中,我们很难想象这是法官在判决案件。我们知道,普通民事案件实行"谁主张谁举证",原告主张被人撞倒,就应当举出相应的证据来证明。证据是查明案件事实真相的主要依据,而逻辑推理和日常生活经验法则只能在特殊情形下发挥辅助作用。本案不以证据为基础而以逻辑推理为依据,是让社会公众感觉到不公平、非正义的主要原因。

平心而论,此案法官依靠逻辑推理和日常生活经验法则断案,更多的是从公平责任的角度考虑,试图达到缓解社会矛盾、减轻受害人痛苦的目的。但是这种道德救济由于缺少法律的坚实后盾,反而制造了更大的道德危机。

　　道德与法律是两种不同的社会规范,分别在各自领域发挥着不可替代的作用。道德通过善恶、荣辱等观念来评价、约束和引导人们的社会行为,具有较强的主观性;而法律则是"规则之治",其发挥作用强调客观性。只有坚守法治理念,坚持"以事实为依据,以法律为准绳",才能最大限度地维护全社会的公平正义,才不至于因为个案不公而引发社会成员的道德焦虑感。

三、弘扬传统美德,化解社会道德焦虑

　　"仁、义、礼、智、信"是传统美德的核心理念和基本要求,通常也简化成"仁义道德",它要求人们用"仁爱"之心去尊重、理解、关心、爱护和帮助人;要求人们具有"天下兴亡,匹夫有责"的家国观念;遵循"仁爱原则",谋求人际和谐;提倡尊老爱幼,强调人伦价值;注重大义,讲求奉献;注重道德践行,强调自我修养。党的十八大报告提出"倡导富强、民主、文明、和谐,倡导自由、平等、公正、法治,倡导爱国、敬业、诚信、友善,积极培育社会主义核心价值观",这是对传统美德在当下的最新概括,弘扬传统美德也就是弘扬社会主义核心价值观。

(一)弘扬仁义观念,化解"他是谁,我为什么要"式信任焦虑

　　"仁者,爱人",强调同情、关心和爱护人,这里的人并无亲疏之分,亦无国界之别;"义"即"正义之气",正义是全社会、全人类都必须普遍共同维护的。当前弘扬传统美德精神,应当顺应时代和社会发展,突破传统熟人社会形成的那种"亲疏"意识观念,倡导"大仁义观",即不论熟悉还是陌生,不管是亲是友还是素不相识的人,社会上

的每一个个体,都需要得到尊重、理解、关心、爱护和帮助。在这种"大仁义观"的视域里,"他"是社会上需要得到尊重、理解、关心、爱护和帮助的一分子,"我"是应当怀有尊重、理解、关心、爱护之心并及时伸出帮助之手的责任主体,不论"他"是谁,尊重、理解、关心、爱护和帮助"他"都是"我"应尽的道德义务。

(二)弘扬家国观念,化解"我是谁,我如何能够"式人格焦虑

社会经济迅猛发展带来社会结构和生活方式的巨大变化,也带来个人与国家、社会之间关系的重大变化。历史上任何时期,人与人、人与社会之间的联系都不如今天紧密。今天,个体与国家、社会的关系也不再由传统社会中那种森严的"礼"进行约束。法律是评价和指引个体行为的基本规范,但法律的作用范围是有限的,在法律作用范围之外,道德依然是必不可少的价值衡量标准。人与人、人与社会之间的这种紧密联系则更加突出了个体道德自觉的重要性。家国观念就是要培养个体的这种道德自觉,在家国观念视域里,"我"是这个紧密联系的社会共同体的一分子,"我"有义务为这个共同体尽自己的责任,因为,那是"我"得以存在和生活的基础。至于"我如何能够",那就需要有包括法律在内的完善的配套制度保障,使个体不至于因为自觉履行这种道德责任而遭受各种可能出现的非难。

(三)弘扬友善观念,化解"心有余,却又怕力不足"式心理焦虑

诚信、友善是人们相互信赖的基础。在一个充满了欺诈、仇视的社会里,没有人能够游刃有余地工作、生活和与人交往,个体作出任何决定、行为时,都会有所顾虑。那种"心有余,却又怕力不足"式的心理焦虑正源于此,面对遇到困难的人,许多人内心其实是愿意、想要去帮助的,但往往会因为怕"被讹"、怕"惹上不必要的麻烦"等顾

虑,而显得"力不足",放弃帮助他人的行为。所以,只有处在一个诚信、友善的社会环境中,人与人之间没有任何猜疑,面对需要帮助的人,个体才能自觉地伸出援助之手而没有任何顾虑。

(四)弘扬传统美德应当注意的问题

弘扬传统美德对化解社会道德焦虑具有十分重要的作用,但是应当把握度。传统美德必须符合人之常情,否则就是对个体的束缚。所谓"日中则昃,月满则亏",弘扬传统美德要本着实事求是的态度,不应过分拔高,甚至无端地造出许多现实生活中不可能出现的"英雄"和"圣人"来。否则,只会让受众产生"假、大、空"的感觉。如果我们所宣传的道德楷模都是一个个"孤胆英雄"和"圣人","我"一个平凡的社会人,如何能做出他们那样的行为?同时,也不应当阶段性地为了宣传而宣传,某个时间段进行集中、扎堆性的道德模范宣传,会让受众产生接受性疲劳,形成见怪不怪的逆反心理,应当在日常生活中适时地发掘典型,这种细水长流式的宣传反而会不断刺激社会大众的道德神经,培养受众的道德本能和自觉。

【作者简介】

吴强林,湖南常宁人,博士研究生在读,浙江省检察理论研究人才。公开发表理论研究文章10余篇,研究成果多次受中国法学会、环保部、中国检察学会民事行政专业委员会、浙江省社科院、浙江省文明办、浙江省人民检察院、嘉兴市人民检察院等表彰,荣立个人三等功一次。

论我国德治传统及对当代"法治"的启示
——以昆剧《十五贯》为例

潘志勇

摘　要：古代文学作品是研究中国传统治国方略的资源宝库。《十五贯》通过精彩的司法故事展现了我国古代以德治国的传统理念和各项法律制度，批判了古代中国严刑峻法制度，诠释了劳动人民纯朴的清官情结以及对公平正义的向往，这对当下实现法治、德治融合目标和提炼新时代德治思想有着重要意义。

关键词：《十五贯》　德治传统　刑讯逼供　审判制度　死刑复核

引言：《十五贯》[①]"案情"概述

古代戏剧以文言写成，现代人读之难免晦涩难懂。故在正文之

---

① 《十五贯》有许多版本，本文以清代朱素臣所著昆曲剧本为蓝本，参考上海古籍出版社1983年版《十五贯校注》。

前,笔者先就《十五贯》的剧情进行概括。该剧讲述的是明朝清官况钟①为百姓平反冤案的故事。明朝宣德年间,淮安有兄弟二人,哥哥熊友兰,弟弟熊友蕙。熊友蕙在家里读书,邻居冯家某日丢失金环一副(由冯家媳妇侯三姑保管)和宝钞15贯(至少相当于现在4万余元的购买力②),同时冯家儿子又离奇中毒身死,偏偏金环却偶然被熊友蕙拾得,被人发现后,于是冯家控告熊友蕙和侯三姑通奸,毒死本夫,由此熊友蕙和侯三姑一并被捕下狱。熊友蕙之兄熊友兰在航船上做艄公,听到兄弟被捕入狱,带着别人送给他的15贯钱赶回家。途中相识苏戍娟,此女子因为继父谎说把她卖了15贯钱给人家做丫头而逃走出来。就在她逃走的当天夜里,她的继父因发现小偷娄阿鼠盗窃遂被后者杀害,同时家里的15贯钱也不翼而飞。而与之相遇的熊友兰身上所携带15贯钱被认为是其盗窃杀人之证据,苏戍娟则被认做与熊友兰通奸杀人,一同被送官治罪。于是熊氏兄弟以及两位无辜女子被当地官府审断,判处死罪。朝廷派苏州知府况钟做监斩官,在临刑之前,发觉这两件案子冤屈,便向上司再三要求复审,并力争时间,后终于平反了这两宗冤狱③。

纵观整个故事,可以看出作者朱素臣对明朝相关法律制度具有相当的认知水平,虽然其中或有讹误,但这不妨碍我们通过此剧一窥

---

① 况钟(1388—1443),江西靖安人,明朝宣德五年(1430)任苏州知府,被后世誉为"况青天"。
② 宝钞,系明朝发行的纸币,以贯为单位,宣德年间一贯约为一两白银[参见中国社会科学出版社1992年版《剑桥中国明代史(下卷)》第362页]。根据本剧第二出,熊友兰在外做艄公的工资是每月半贯,如果按照现在浙江省最低档工资1 500元计算,1贯相当于3 000余元,15贯就至少相当于现在45 000余元的购买力。另外,根据中华书局2005年洪璞《明代以来太湖南岸乡村的经济与社会变迁》第一编第三章计算:宣德年间,大米每石约值两三钱银,而一石等于94.4公斤,由此计算,一两白银约可以购买大米5石(944斤),15贯可以购买大米14 160斤,按照当前一般大米价格每斤2.5元左右计算,那15贯的购买力相当于35 400元。故15贯的购买力相当于4万余元是可信的。
③ 浙江昆剧团改编后仅取熊友兰与苏戍娟的平冤故事。

我国古代德治传统,以及在该治国理念支配下的各项司法制度。我们认为,对我国古代治理理念、司法制度和法律传统等方面进行研究,对提炼和发掘新时代德治思想大有裨益,可以为实现法治和德治的融合提供新的启示。

一、我国古代的德治传统与严刑峻法倾向

(一) 深厚的清官情节

德治是古代中国的治国理念和方略,是人治的理想模式。其主要含义有:一是要求统治者以身作则,发挥道德感化之作用;二是重视对民众的道德教化,倡导德主刑辅。可以说,清官,正是德治社会必然产生的一种现象,是古代社会最为重要的"德治化"司法形象。尤其对于德治传统浓厚的古代中国而言,推崇"青天"是人民群众向往公平与正义的一种寄托,甚至到了高度文明的现代,也有把包青天与现代法官塑像放一起祭拜的荒唐现象。而产生清官思想的原因主要有:从统治者方面而言,其倡导和美化清官的主要侧重点在于歌颂清官的思想道德水准,以此美化自身官员的完美道德形象;对于普通民众而言,是因为普通民众在专制而强势的政府面前,为了获得正义,只能盼望有着良好品行的清官出现,除此别无他法。

历史上最有名的清官形象莫过于包拯、海瑞以及《十五贯》中的况钟。《十五贯》在况钟身上寄寓了人民群众对清官的所有理想,希望通过清官这一德治化的角色去荡涤司法的不公,而不是希冀于完备的法律文件和完善的法律程序。这种想法也恰恰印证了黄仁宇的观点:"中国人在解决所有社会问题时宁可使用伦理办法而不是技术

办法。"①其实,无论是况钟还是包拯,在他们身上发生的公案故事都反映了我国古代德治传统的倾向。针对同一案件,诸如过于执这样的糊涂官员只知道用酷刑迫使受冤者招供,而像况钟此般清官则会通过智慧、仔细观察与推理去侦破案件,最终使疑案大白天下,这"在大众之中造成一种清官万能的印象,即在有识见的司法官面前,无不能决断的案件"②。然而,清官情结在德治传统下的古代中国或许无可厚非,但对于追求民主法治的现代中国,清官情结是法治实现的思维障碍,应该予以涤除。

在《十五贯》中,表现况钟断案的第二十出叫做"恩判",从这两个字就可以看出遭受冤狱的人们能够得到平反就是官府给予他们的恩惠,同时也反映出古代中国以德治国的传统。在剧中被誉为是"包龙图转世"的况钟最后说道:

> 本府既已审明,一行人尽听发落者。(众应介)熊友兰、熊友蕙,你二人端方无愧,孝友可嘉。如今放你回去,好生奋志读书,力图进取!

就此案件了结,似乎做到了政治、法律、社会效果的有机统一。但细想起来,4位因冤而被关押一年有余③的嫌疑人没有提出任何意见,更没有闹"上访"。如果按照现在的中国法律,4位当事人自然有权利申请国家赔偿,甚至要求司法机关追究刑讯者的刑事责任。但

---

① 牟复礼,崔瑞德.剑桥中国明代史:上卷[M].张书生,黄沫,杨品泉,等译.北京:中国社会科学出版社,1992:导言第2页.
② 黄仁宇.万历十五年[M].北京:生活·读书·新知三联书店,2006:179.
③ 关于4位被冤主人公被关押多久,我们可以从文中考察:在第十八《廉访》中,娄阿鼠说他偷钱的时间"是旧年秋里的事体(事情)",然后剧中的一位商人透露4位主人公面临处决的时候已经"不觉又是仲冬"。所以,从案发被抓获到待决已经是一年有余。

是这对于古代中国来说几乎没有可能性。更让人不可思议的是,在第二十三出,平反后的熊氏兄弟因科举考试成为过于执的门生,两人高中后对曾经刑讯他们的过于执感恩戴德,说道:

> 当日之事(指因被过于执刑讯冤枉入狱),皆系凤孽所招,在老师既无私心,在门生岂有夙怨。此际又蒙甄拔(指监考)……誓当图报。

(二)崇尚严刑峻法

德主刑辅一直是古代中国的治国理念,但刑罚作为辅助手段亦不可或缺。例如,在《唐律》中就确定了"德礼为政教之本,刑罚为政教之用"的德治方略。值得注意的是,在古代中国,所谓"刑"的对象主要是"道德缺失"的"顽民"。

"严刑"是古代中国司法官员取证的重要手段。"法律所不允许的一些更加严厉的摧残和折磨在个别的案件中照样可以使用","这常常使得一些人不得不招供承认他们事实上根本就没有的罪行,以便从那无法忍受的残酷折磨中求得暂时喘息的机会"[①]。《十五贯》就对当权者滥用刑讯进行了强烈的控诉,在第十六出《乞命》中,作者借况钟之口写道:

> 碧血淙滂沱,士女双双无罪蒙冤……一人陷狱,六月飞霜,匹妇含冤,三年不雨……枉杀四命,岂不上干天和……轻戕人命,直使得重干天怒。

---

① 何天爵.真正的中国佬[M].鞠方安,译.北京:中华书局,2006:160.

为了维护统治,明朝建立后便依据"禁奸止过,莫若重刑"①的传统理论,认为"本朝的法律不外是行政的一种工具"②,继而强化了法律的镇压功能,朱元璋在《大明律》中开宗明义就说"出五刑酷法以治之,欲民畏而不犯"③。除《大明律》外,为防止"法外遗奸",朱元璋还亲自编撰了《大诰》,包含200多条明朝具有特别性质的重刑法令和案例,充分表现了当时统治阶级最大限度发挥刑法威慑力重典治国的方略。在明朝刑讯逼供拥有合法化的地位,官吏认为重刑之下,必有实招,仅以被告口供,便可审判定罪,《十五贯》就是非常典型的案例。县官过于执就是利用刑讯获取口供定案使他人陷入冤狱,新官上任后,"一发厉害,一月三限,公堂怒容,千锤万楚,阶除溅红"。关于"严刑",比较形象生动的描写集中在《十五贯》第七出《陷辟》一场戏,由县官过于执审理熊友蕙以及侯三姑一案:

> 不要说是本县,就是三岁孩子,可也瞒他不过。你们还要抵赖到那里去!(小生、小旦)青天爷爷!冤枉!(末怒)哇!胡说!打!……不招,拶起来!(小生、小旦)冤枉难招!(末)你欺本县五日京兆,希图徇情么?看夹棍来!(小生)呀,爷爷!受刑不起了,小人愿招了!小人与侯三姑呵!

两人最后被屈打成招。作为县官的过于执之所以能够不经调查,仅凭主观就可以动用刑讯,原因在于在当时德治传统理念下,刑讯是合法合理的④。没有人会认为刑讯有什么不对。后来熊友蕙被

---

① 商鞅. 商君书[M]. 张觉,校注. 长沙:岳麓书社,2006:130.
② 黄仁宇. 万里十五年[M]. 北京:生活·读书·新知三联书店,2006:178.
③ 见《大明律·御制大明律序》。本文参考法律出版社1999年版怀效峰点校的《大明律》,下同。
④ 《大明律·刑律·断狱》就明文规定死罪、强盗、抢夺等须用"严刑"拷讯。

判决为"因奸致死人命,依律问斩",侯三姑被判决为"谋弑亲夫,依律问剐"①。诸如斩刑之类的"峻法"在古代应属普通,但剐刑(即凌迟)明显属于非常惨无人道的重刑。在明律中规定妇女犯"杀死本夫的"凌迟处死②,而一般的故意杀人正常的处罚是斩首,本剧中的侯三姑被认为是谋杀本夫,遂被判决为适用凌迟之刑,其残酷程度可见一斑。

二、德治传统下若干罪名的要义

(一) 赌博、非法侵入住宅、抢劫罪

在古代中国,从罪名的罗织到刑罚的残酷程度,均是在德治理念支配下予以制定的。我们认为,古代中国产生严刑峻法的原因就在于德治传统的盛行。

娄阿鼠为故事中的无业游民,一生好赌。某日凌晨,娄阿鼠聚赌完毕,肚皮空乏,经过隔壁游葫芦家,本想往里"讨一个烟袋吃",却发现里屋有15贯宝钞,而主人游葫芦正在睡觉,娄阿鼠遂临时起意,做起盗窃勾当。正当娄阿鼠"一贯复一贯"偷钱之时,由于心慌导致惊醒游葫芦,娄阿鼠怕东窗事发便举刀将游葫芦砍死,拿了钱财随后离开。剧本称娄阿鼠"一生好赌,半世贪财","赌钱场上有名的",无正常职业,应属赌棍。按照《大明律》规定"凡赌博财物者,皆杖八十"③,按其问刑条例规定"凡赌博人犯,若自来不务生理,专一沿街酗酒、撒泼……枷号两个月"④。若以如今之刑法,此人构成赌博罪也不成问

---

① 即凌迟之刑,指处死人时将人身上的肉一刀刀割去,使受刑人痛苦地慢慢死去。
② 见《大明律·刑律二》。
③ 见《大明律·刑律九》。
④ 见《大明律·问刑条例·刑律九·赌博条例》。

题。另外,按照《大明律》,晚上"无故入人家"者杖八十①。娄阿鼠夜晚没有征得他人同意便进入游葫芦家,毫无疑问触犯了法律规定的"夜无故入人家"罪,应予以杖八十。有意思的是《大明律》对"私人住宅神圣不可侵犯"的精神非常尊崇,因为该法规定对夜晚非法入侵住宅的,主人"登时杀死"不构成犯罪②。此规定可谓超前,让人惊叹。与之形成鲜明对比的是,在当今社会,发生在晚上的"强拆"事件仍时有发生。

自古好赌者好吃懒做,娄阿鼠没钱后去邻居"串门",发现有钱遂起盗窃之心,偷窃时被人发现又杀人灭口。那娄阿鼠因盗窃未遂而杀害他人的行为该如何定罪呢?有人会认为娄阿鼠杀人后取得财物,构成杀人罪与盗窃罪。但笔者认为,娄阿鼠从进入房间后临时起盗窃之意,其所有的目的是为了非法占有钱财,包括杀人只是抑制被害人反抗的手段,虽然娄阿鼠自己当时的想法是要"置人死地,免遭报官",但其最终目的都是迫使被害人丧失财产,取得财物的行为并非其杀人后重新起意,而且娄阿鼠窃取钱财的行为从当时的情况来看并没有既遂,所以娄阿鼠的行为不构成杀人罪和盗窃罪,而是抢劫罪。理由是,娄阿鼠在盗窃时被发现,为了抗拒抓捕当场使用暴力并将他人杀害,符合《刑法》第二百六十九条规定的转化型抢劫构成,杀人只是抢劫造成的一个严重后果,故娄阿鼠的行为只构成抢劫罪。

按照现行法律规定,娄阿鼠的行为也不构成入户抢劫,因为娄阿鼠进入游葫芦家的意思是去"讨一个烟袋吃",甚至都不是为了盗窃。根据最高人民法院 2000 年 11 月 22 日《关于审理抢劫案件具体应用法律若干问题的解释》,进入"户"后临时起意抢劫的,不属于入户抢

---

① 见《大明律·刑律一》。
② 见《大明律·刑律一》,所谓"登时"即当时、立刻。

劫。所以,我们可以判断娄阿鼠的行为不属于入户抢劫。

按照明朝当时法律,对没有抢到钱财的处流刑,对抢到钱财的,规定一律处以斩刑①。《十五贯》第二十出对娄阿鼠判决为"因赌致盗,因盗杀人,律有明条,一斩非枉",对此我们可以理解为况钟最后把娄阿鼠涉及的赌博罪、盗窃罪(或抢劫罪)、杀人罪一并判决,处以极刑。那况钟认为娄阿鼠"盗"的行为是"强盗"(即抢劫)还是"窃盗"(盗窃)呢?《大明律》关于"强盗"中规定如下:"若窃盗临时有拒捕,及杀伤人者,皆斩"②,法条将"盗窃时被发现而拒捕杀人的行为"规定在"强盗"一条中,说明立法者将此行为认定为抢劫罪。当代的法学理论及实践与此一脉相承。

(二)刑讯逼供罪

在德治传统下的古代中国,判断司法官员是否滥用职权、枉法裁判的标准往往不在于他们是否触犯法律法规,而在于他们是否秉承了儒家礼教,是否遵从了统治者所倡导的伦理道德。过于执是故事中审理和审查两起冤案的官员。时为淮安府山阳县县令的过于执受理熊友蕙、侯三姑涉嫌私通、盗窃、杀人一案后,接到讼词遂开庭审理。经过刑讯逼供(讯杖、夹棍),主观臆断地仅以熊友蕙无意捡得的金环对二人定罪。在此期间,此父母官深信自己"莅任三年,虚心研审",竟没有对杀人现场进行勘查,也没有进行其他查证,用短短一次"庭审"就将熊友蕙判决为"因奸致死人命,依律问斩",将侯三姑判决为"谋弑亲夫,依律问剐"。后来证明过于执作出了错误的判决,但这一错误却不属于有意制造冤案,而主要是因为证据缺乏、审判能力不足以及过于执"过于执意于自己的主观",他忘记了孔夫子一直教导

---

① 见《大明律·刑律一·强盗》。
② 见《大明律·刑律一·强盗》。

的"毋意、毋必、毋固、毋我"(《论语·子罕》)原则,利用刑讯逼供作成此案。在审核熊友兰和苏戍娟一案中,此官亦是"如法炮制",把熊友兰持有的"十五贯"当成物证,轻而易举复核通过"大案"。

按照《大明律》规定:"凡监察御史、按察使辩明冤枉……被诬之人依律改正,罪坐原告,原问官吏"①,意思是发现冤枉后,上级将追问主管案件官员的责任。《大明律》在《名例律》中有文武官犯"公罪"②应受处罚的规定,即针对在执行公务中发生错失和违法,但没有谋取私利的行为。同时该法也规定官员对罪轻之人使用重刑,伤人者将会被降级调用,致死者则"问发为民"③,所以我们可以知道办理冤案的官员也应当会受到处分。但是,明朝规定各种惩处可以用缴付罚金来赎免④,于是过于执的最后的情况是"被苏州知府况钟参劾,但蒙抚院周大人鉴其终任清廉,只罚俸三月,后亦得手帘、批阅三场"。从剧中过于执自己的语气来看亦是非常轻松,也就是说最后胡判两案的过于执仅仅被处停薪3个月工资,而且还可以担当批改公务员考试的官职。

从中我们可以看出,过于执受到的处分极轻,其中原因主要是明朝的法律对官吏渎职多行宽宥⑤。在本剧中过于执没有贪赃,所以只是对他停薪,其实就相当于以钱抵罪。分析上述现象,我们可以知道在古代中国,具有"道德形象优势"的官僚阶级即使犯下比较恶劣的错误也不会遭受严重的处罚,造成此种现象的根由就是统治者漠视普通民众的权利。笔者特别注意的是,本剧作者朱素臣完全有能力

---

① 见《大明律·刑律十一·断狱·辩明冤枉》。
② 见《大明律·名例律·文武官犯公罪》。
③ 见《大明律·刑律十一·断狱·凌虐罪犯条例》。
④ 崔瑞德,牟复礼.剑桥中国明代史:下卷[M].杨品泉,吕昭义,吕昭河,等译.北京:中国社会科学出版社,2006:160.
⑤ 陈淑丽,吕丽.明代官吏职务犯罪问题研究[J].当代法学,2006(1).

将过于执描绘成一个"贪污分子",但他却给这位庸官留了一条"活路"。从这方面来看,剧作者在考察思索社会制度方面有一定的保守性,与我国当前"打虎拍蝇"的反腐态势形成了鲜明对比。

按照现行法律,过于执的行为应当触犯了《刑法》第二百四十七条的刑讯逼供罪,即司法工作人员对犯罪嫌疑人、被告人实行刑讯逼供或者使用暴力逼取证人证言的,处三年以下有期徒刑或者拘役;致人伤残、死亡的,依照本法第二百三十四条、第二百三十二条(故意杀人或故意伤害)的规定定罪从重处罚。在《十五贯》剧中,身为国家司法工作人员的过于执不以事实为依据,不重视调查取证,严刑逼供、主观断案并且致使4人陷入冤狱,关押一年有余,几近丧命,造成错案,应属情节恶劣,构成刑讯逼供罪。

三、德治传统下侦查手段释义

(一) 刑讯逼供手段

在《十五贯》中主要展现了明朝3种刑讯手段:一是讯杖,即用荆条或竹板拷打;一是拶指,以5根小木棍夹受讯人的4指;一是夹棍,即以3根硬木棍夹受讯人双脚,这3种情况在影视剧中也经常见到。在当时,基本没有人权保护的观念,《大明律》规定"应该问死罪,并强盗、抢夺重犯,须用严刑拷讯",这种传统的审案方式也是当代中国刑讯逼供屡禁不止的原因之一。下面我们来看看《十五贯》中《陷辟》一出对此是如何表现的。

县官过于执在熊友蕙和侯三姑不招的情况下,喊道:"人来,刑法伺候!"随即将二人一顿乱打,当二人仍在喊冤时又要求"拶起来",继而又"看夹棍",最后熊友蕙两人无法忍受遂招认画供。《如详》一出中在复核熊友兰及苏戌娟一案时,过于执二话不说,先命左右"揣下去,每人加责三十板",将嫌疑人打成"肌肤崩裂,形容惨绝"。可见人在遭受极度痛苦的情况下,容易说出任何事情,因为"刑讯必然造成这样一种奇怪的后果:无辜者处于比罪犯更坏的境地。尽管二者都受到折磨,无辜者却是进退维谷,他或者承认犯罪,接受惩罚,或者在屈受刑讯后被宣告无罪。但罪犯的情况则对自己有利,当他强忍痛苦而最终被宣告无罪时,他就把较重的刑法改变为较轻的刑罚,所以无辜者只有倒霉,罪犯可能占便宜"①。剧中,侯三姑与苏戌娟在狱中就控诉这是"正六月飞霜时,严刑之下亲供谬"。但是在古代,刑讯逼供不只是贪官庸吏的专利,当涉及人命案件且没有证据时,广受人民赞颂的清官同样会使用刑讯。因为清官作为一个社会人,其认识能力是有限的,实际上不可能像神明一般可以"明察秋毫",为了破案,清官们不可能回避"刑讯"这一快捷而合法的途径。例如在《包待制三勘蝴蝶梦》②包拯就对三兄弟都动用刑讯:

麻槌脑箍,六问三推,不住勘问,有甚数目,打的浑身血污。大哥声怨叫屈,官府不由分诉;二哥活受地狱,疼痛如何担负;三哥打的更毒……

在本剧中,况钟在审讯完娄阿鼠后,也命"左右揣下,重责三十板"。

在德治传统占绝对优势的古代中国,民众普遍关心的是审判的结果是否符合道德标准,他们不反对清官搞刑讯逼供就像他们不关心所谓的"程序"本身的"正义"。徐忠明就认为,清官与酷吏既不完

---

① 贝卡里亚. 论犯罪与刑罚[M]. 黄风,译. 北京:中国大百科全书出版社,2005:89.
② 元代关汉卿著。

全相同,也不截然对立,而是一种交叉的关系……清官的基本功能是维护皇权专制统治,酷吏亦然①。清官在人们眼中的标准主要是"不贪",我们甚至可以定位所谓清官就是"道德高尚"的酷吏。而古代这些错案产生的原因几乎与当今社会如出一辙。作为文明的现代人,看到此种情况竟然仍在时不时发生,我们怎不汗颜。从本剧整个案件来看,导致冤案的原因主要是过于执等司法官员采用了"由供到证"这样的模式来讯问、办案,而"由供到证"的模式极易导致刑讯逼供。当今社会,随着人权意识越来越受人关注,法治越来越健全,非法证据排除制度日益完善,讯问将由原来的全封闭的状态逐步透明化。这势必要求侦查人员要提高法治意识,逐渐清除"口供情结",重视物证,将"由供到证"的传统模式转变为"由证到供"。

(二) 欺骗、引诱等手段

《廉访》②是《十五贯》中最负盛名的一出戏,如今仍常演不衰。该出戏集中展现了况钟破案的聪明才智。其实,况钟只是用了一种"骗"的手段而已。况钟奉命监斩4位犯人发现似有冤情,于是请求上司延期处决,然后通过他人片面之词锁定游手好闲的娄阿鼠才是真正杀人凶手,并亲自上阵演了一出"欺骗"好戏:当日,况钟乔装为江湖术士为人测字,在城隍庙遇到娄阿鼠,看他"心虚胆怯,露出乖张"便猜测其有犯罪嫌疑,随即布下圈套给娄阿鼠测字。娄阿鼠的盗窃杀人行为早已在况钟的怀疑之中,在一步一步的测算中,娄阿鼠也对这位给自己测字的神算深信不疑,后把自己所做勾当全盘告之况钟,并央求况钟给他指一条明路让其逃避此灾。自然,这正中况钟下怀,随后将娄阿鼠骗至某地,并命令官差将其抓获。可见,整个过程其实

---

① 徐忠明.法学与文学之间[M].北京:中国政法大学出版社,2000:19.
② 今已改名为《访测》上演。

况钟并没有任何证据可以证实娄阿鼠涉嫌犯罪,但他仍然采用"引诱、欺骗"的方式让娄阿鼠自己心甘情愿交代了案情,连娄阿鼠面对公堂之上的况钟也说道:"老爷活菩萨,在城隍庙都是老爷骗我说尽了,还有什么不招。"那此侦破方式是否合法呢?这就关系到非法言辞证据的问题了。笔者认为,根据《刑事诉讼法》,采用欺骗、引诱等方式获取的犯罪嫌疑人口供并没有明文规定在排除的范围内,主要原因在于我们很多时候无法区分这些行为与侦查策略的区别。笔者认为况钟的这种"欺骗"行为系侦查策略,合法合理。

其实,在剧中也非常明显地展现了"欺骗"等合法侦查策略与"诱供"之间的区别。在第七出《陷辟》中,县官过于执看到侯三姑忍受酷刑仍拒不招认,便诱骗侯三姑道"熊生既已招成,你还要强辩怎么,该吏取供画了"。在这种情况下,过于执明知熊友蕙根本没有供认,仍利用刑讯并欺骗侯三姑,明显系"诱供"行为,在本质上也是一种"欺骗"行径。奇怪的是,为什么况钟的"欺骗"侦查行为却没有受到诟病却为民众以"智慧"之名义予以推崇呢?虽然这仅仅是戏剧中的事,但这至少表明当时的民众都不认为这类情节有损况钟"清官"的形象,他们不认为清官就可以不使用"低劣手段",在一个缺乏获得可靠和充分证据的审判技术的社会中,哪怕是清官,遇到疑难案件也同样表现出无能为力,只能诉诸假扮江湖术士行"欺骗勾当"。只要站在道德的至高点上,这种"欺骗"的审讯方式并不妨碍清官高大形象的塑造。

四、德治传统下审判制度考察

(一) 刑事审判程序

我们知道,在德治传统的古代中国,处理案件追求的是结果正义,对程序却漠不关心。但这并不意味着官员在审理案件时无须遵循一定的"规矩"。笔者认为,古代中国所谓的程序更应当被认为是一种"道德规矩",因为他们一贯地认为"无规矩不成方圆",而所谓的规矩主要是指儒家提倡的道德传统。在明代法律中,制定程序的目的一方面是为了保证案件审理的准确和公正,另一方面更是为了防止官员的胡作非为①。明朝法律规定了如下刑事案件的审理程序:首先,主管官员(主要是一审)应当先审查原告,弄清原告控告被告人之理由。然后,再对被告进行追拿并审问。如果被告不承认对他的指控,则主审官员可以传讯证人。如果证人的证词支持原告,被告就被再次讯问,如果双方各执一词,主审官就可以"察言观色",之后主审官主观认为被告可能犯罪,则可以"用答决勘",如果被告人仍拒不招认,主审官则被许可使用重杖"仔细拷问,求其真情"。其中的意思就是要用刑具②,也就是上文所提到的"讯杖、拶指、夹棍"。经过招供,所谓真相得以证实,案情就被全部记录存档。主审官就拟定判决,然后按照案情情况上呈上级审核。

在本剧中,过于执作为一审县官审理熊友蕙和侯三姑一案就严格遵循了以上程序。原告冯玉吾见自己儿子被毒死,遂将熊友蕙以及媳妇侯三姑告上县衙,县官过于执受理后看过状词遂开堂审理。开堂后,县官首先对被告人熊友蕙和侯三姑进行了严厉的讯问:

> 熊友蕙,看你斯文体态,必然明理知书。据这状词看来,你与侯氏既已私通于前,复行窃盗于后,今又同谋下毒,立杀亲夫,这个罪名所犯不小!真脏已获,你到此还有分辨么?

---

① 崔瑞德,牟复礼.剑桥中国明代史:下卷[M].张书生,杨品泉,吕昭义,吕昭河,等译.北京:中国社会科学出版社,2006:166.
② 但对70岁以上的老人、15岁以下的青少年,体弱的或残疾人不能施刑,见《大明律·刑律十一》。

然后两被告进行了辩解,表达自己的冤屈。但县官认为"迁房进内是一证,脏露金环是一证,登时中毒是一证",三证俱在,唯缺被告"招供",于是对二人刑讯,直至二被告人被屈打成招,取得口供。宣布对二人判决后,过于执便将该案送呈上司审核。案件就此了结。

考察明朝对审判程序的规定以及剧中本案的处理过程,我们可以得知明朝坚持的是"有罪推定"原则,主审官接到控诉后了解案情,在双方辩论中又以"神色"辨真伪,并决定是否刑讯。在本案中,过于执一开庭便主观认为二被告犯下奸杀之罪,为支持其主观入罪的想法不惜动用刑讯。所有的这些都表明"有罪推定"在明朝法律程序中有着合法地位。其实,不仅仅是庸官过于执信奉"片言折狱"[①],被誉为"包龙图转世"的况钟也没有脱离其历史局限。况钟在"侦查"娄阿鼠时,凭借主观认为其有犯罪嫌疑,遂步步探究,最后以此定案。可见,"有罪推定"在我国有着深厚的历史渊源,无论是在真实的法律文件中,还是在虚拟的戏剧传奇中,这个原则都被活灵活现地践行着。由此,我们可以更加明白当今中国的侦查机关、控诉机关甚至是审判机关的工作人员在一定程度上存在着的"有罪推定"思想的深刻历史原因了。历史总是精华与糟粕共存,在实现法治的进程中,革除"有罪推定"思想,任重而道远。

(二) 死刑案件的级别管辖

明朝认为元朝系外族入侵,故有明一代沿袭宋制,地方除省一级设置专门司法机关提刑按察使外,县、府的地方司法机关与行政机关结合在一起。县为第一审级别,受理辖区案件(含死刑等重大案件),可以自行决定笞、杖、徒案件,但流刑、死刑案件须送上级审查;府为

[①] 即指根据单方面的供词就能审断案件。详见上海古籍出版1983年版《十五贯校注》第47页。

第二审级,负责审核所辖县的判决;省级的提刑按察使司"掌一省刑名按核之事"(《明史·职官志》),县、府之狱判徒以上的具狱要送行省复审,死罪的案件要送京师复审。在本剧中,过于执审理熊友蕙与侯三姑一案时系淮安府山阳县官员,还没有调升常州府,而另一起案件即熊友兰与苏戌娟的案件发生在常州府无锡县,案件送到过于执手中时已经被下级的无锡县"审确",此时过于执已经升为常州理刑负责审查县级呈报的各类案件,面对两人的鸣冤,过于执仍然只是一味喝止和刑讯。可见,明朝的县级政府就有权审理死刑这样的重大案件,这与现在死刑案件由中级法院审理的情况不同。在明朝,一般案件审理的状况大都自县、府直到省,并且严格限制越级诉讼,"凡越级上诉者应处以轻杖五十以下的责打"①。

笔者认为,当时之所以县级政府就可以审理死刑案件,主要有以下原因:一是古代中国属于德治社会,对人权重视程度相对缺乏,虽然建立了对死刑的种种复核制度,但这并没有从根本解决封建统治者的狭隘性,所有的程序设置考虑最多的仍然是维护统治秩序。二是古代大都实行行政司法一体制,一县之长既是行政长官也是司法长官,集侦查、审判于一身,这也就限制了死刑案件受理上提的可能性,只有设置复核制度以补其弊端。三是古代宗法制度严密,乡里基层也可直接受理解决案件。审讯案件的主持人是里长、甲首和本里甲的老人,审理诉讼的范围包括本里甲内有关户婚、田土、斗殴、争夺、失火、盗窃、詈骂、钱债、赌博、私宰耕牛、损毁稼穑、畜产咬人、水利等。《大明律》甚至规定妇女除犯奸及死罪外,责付本夫收管②。这在很大程度上减轻了县一级政府的司法工作压力,给予县级官员充裕的时间审理命案。

---

① 见《大明律·刑律五·诉讼》。
② 见《大明律·刑律十一·妇人犯罪》。

（三）死刑逐级复核制度

在明朝，政府在法律技术上虽然远远不能被誉为精密周到，但在道德上却对人命案件颇为重视，《大明律》的问刑条例就称此举是"以辜朝廷好生之意"①，可见古代法律条文无处不在宣扬统治是"德治"的典范。

死刑等重大刑事案件不论案情多么复杂，破案和判决必须毫不含糊，否则地方官就会被视为无能。基于这些理由，死罪案件由受理部门审断后必须逐级上报审核。首先是县级部门把自己审断的死刑案件送达府，由府审核，府再逐级上报于省级的提刑按察使，然后再上呈中央，由刑部受理。在本剧中，淮安府所属的山阳县县官过于执审断熊友蕙与侯三姑一案后，随即"申详上司"，即是将此案上呈淮安府审核。审完此案，过于执调升常州理刑，升任伊始便受理了下级无锡县送达的熊友兰与苏戍娟案，过于执道："该县（无锡县）既已审确，这就是一宗铁案了，只是事关重大，须本厅录过，方发申宪达部。"②也就是说此案由过于执审核后将送呈刑部审核。剧作者没有写此案是否要经过省级的提刑按察使审核，但是按照明朝法律却系必要，因为《大明律》规定："至死罪者，在内听监察御史，在外听提刑按察司审录"③。无论如何，两案均顺利送呈"朝审"④，而朝审是朝廷最高级官员会同复审等待秋后处决的死刑犯案件，也就说两案均已经过层层审核予以定案，只是等待处决。到了朝审，负责处决两案罪犯的主管

---

① 见《大明律·问刑条例·刑律十一·辩明冤枉新颁条例》。
② 发申宪达部：送达刑部之意。明朝的刑部有4部分：宪、比、司门和都官。其中宪部主管一般的审判等。
③ 见《大明律·刑律十一·有司决囚等第》。所谓"在内"即在京城内。
④ 朝审于1459年创始，是朝廷最高级官员会同复审等待秋后处决的死刑犯案件。但是《十五贯》讲述的故事肯定早于1459年，因为况钟于1442年去世。所以，这应该是《十五贯》的讹误之处。

官员为周忱,系都察院御史,都察院有一定的司法审判权,常参与审理大案,平反冤狱。值得一提的是,剧中称明朝在死刑执行制度上还设立监刑官,而4位幸运的"死刑犯"的监刑官就是苏州知府况钟。面对马上要被处决的罪犯,本无管辖权的况钟发现疑点,遂引用《会典》①条文"凡死囚临刑叫冤者,许再与勘问陈奏",请求"刀下留人",后不惜"独抗天条"为民请命,并以官印为质,亲往案发点调查。其实,况钟成功留人的关键不在以上堂而皇之的理由,而是他有"圣上亲赐玺书"的特权,无须都察院御史周忱"饶舌"。古代设置监刑官的作用显然是为了尽量避免错案。

可见,当今在司法实践中强调的"命案必破"的观念早有渊源。无论是在明朝,还是在其他朝代,中国的文官被儒家赋予了"道德高尚"的全能形象,普通人民群众认为他们饱读诗书的父母官几乎无所不能、品德完善,"几乎所有没有知识的人必须听命于有教养的人"②。所以,在面对复杂甚至没有证据的命案时,所有官员都感到压力巨大,因为他们不想被朝廷和民众认为是无能的。于是,在德治传统理念的支配下,有时候他们只能依靠情理上、道德上的推断来替代证据的不足,草菅人命的情形也不乏其例。而在法治越来越健全的当代中国,经过近年来佘祥林案、聂树斌案、呼格吉勒图案等案件的洗礼,人们对法治的认识逐步提高,无论是执政者还是普通民众都认为法治不仅仅是一种治国手段,更是一种生活方式。

【作者简介】

  潘志勇,男,江西宜春人,1982年10月出生,东北财经大学法律

---

① 《大明会典》始纂于明弘治十年(1497)三月,而本剧案发在宣德年间(1426—1435),此时该书尚未编纂,故此系作者又一讹误。
② 黄仁宇.万历十五年[M].北京:生活·读书·新知三联书店,2006:178.

硕士,现任桐乡市人民检察院一级检察官、侦查监督部副主任,浙江省检察理论研究人才。公开发表论文30余篇,理论研究曾多次荣获最高人民检察院、浙江省人民检察院优秀论文一、二、三等奖,荣立个人三等功一次,系嘉兴市人民检察院"侦查监督十佳检察官"。

新时代中国基层群众自治：脉络、剖析与升级
——以新时代"枫桥经验"为分析视角

康建弘　潘志勇

摘　要：基层群众自治、"枫桥经验"分别是我国社会主义民主政治的生动体现和我国基层社会治理的成功典范，它们的确立与发展有着重大意义。近年来尤其是进入新时代以来，我国基层群众自治工作取得了较大的进步与发展。基于当前社会出现的新情况以及基层社会治理提出的新挑战，基层群众自治工作呈现出新问题。应当进一步完善和理顺基层群众自治的法律体系、组织体系；进一步健全基层群众自治的相关机制和扩大自治的内容范围；推动村民自治向农村社区自治新模式转变；统筹构建"三治融合＋枫桥经验升级版"基层治理新模式，推动基层群众自治工作向基层社会全方面治理方向转变。

关键词：基层自治　村民委员会　居民委员会　枫桥经验

根据民政部发布的《2016年中国社区发展报告》，截至2016年年底，我国基层群众自治组织共计66.2万个，其中村委会55.9万个，居委会10.3万个。其中城市社区服务中心覆盖率为79.3%，农村社区服务中心覆盖率为14.3%。习近平总书记在党的十九大报告中深刻指出："坚持人民当家作主……坚持和完善基层群众自治制度"，"加强农村基层基础工作，健全自治、法治、德治相结合的乡村治理体系"，"加强社区治理体系建设，推动社会治理重心向基层下移，发挥社会组织作用，实现政府治理和社会调节、居民自治良性互动"。可见，基层群众自治制度是人民当家作主的重要途径，是中国特色民主政治制度体系的重要组成部分。"枫桥经验"是我国政法战线的一面旗帜、中国基层社会治理的成功典范，在新时代背景下，继续推广和打造"枫桥经验升级版"是促进基层群众自治发展的新趋势与新思路。

一、脉络：发展阶段与关系

（一）我国基层群众自治的发展脉络

基层群众自治是指我国城乡居民以法律法规为依据，在城乡基层党组织的领导下，在居住范围内，由居民（村民）选举的成员组成居民（村民）委员会，直接行使民主选举、民主决策、民主管理和民主监督等权力，实行自我管理、自我教育、自我服务、自我监督的制度与实践。基层群众自治制度的确立和发展是改革开放以来我国社会主义民主政治最直接、最广泛、最生动的体现。

我国基层群众自治制度发展是一个循序渐进、螺旋上升的发展过程。新中国建立初期，我国在城市建立了具有政治组织性质的居民委员会,这是基层群众自治制度在中国社会发展的肇始。① 同时,农村则在行政村的基础上建立了村一级的政权,由村民代表大会和村人民政府共同行使政权。1954年12月,第一届全国人大常委会第四次会议根据1954年宪法精神,制定并通过了《城市居民委员会组织条例》,第一次以法律形式宣布居民委员会是"群众自治性的居民组织"。但是1958年后,尤其是"文化大革命"期间,由于"左"的错误的影响,城市居民委员会大部分被解散,农村方面的自治因素也迅速消失在"人民公社化"的浪潮中。

改革开放后,我国基层民主获得进一步的发展。1980年1月19日,国家重新颁布了《城市居民委员会组织条例》。两年后,在新颁布的宪法中,将城市基层群众自治制度推广到农村,规定农村也成立类似城市居民委员会的基层群众自治组织,即村民委员会。1987年,全国人大常委会通过《中华人民共和国村民委员会组织法(试行)》。两年后的1989年,在原来的《城市居民委员会组织条例》基础上形成的《中华人民共和国城市居民委员会组织法》也在全国人大常委会获得通过;1998年11月4日,第九届全国人大常委会第五次会议通过《中华人民共和国村民委员会组织法》。第十一届全国人大常务委员会第十七次会议于2010年10月28日对该法进行修订并且通过实施。至此,基层群众自治制度的法律基础基本奠定。

新时代背景下基层群众自治组织和基层治理方式有了新的变化与发展。2018年党的十九大报告提出要加强农村基层基础工作,健全自治、法治、德治相结合的乡村治理体系,也就是浙江桐乡等地所提倡的"三治融合"治理方式的官方化。同时需要注意的是,这是首次在基层工作中将"自治"提高到了甚至比法治更为重要的高度。同

---

① 有学者认为基层群众自治制度发端于农村。

时,在浙江等地推广"枫桥经验"也是依靠普通群众,成功开展村民(居民)自治的典范。笔者认为,随着社会时代的进步以及基层工作观念的更新,"三治融合"和新时代"枫桥经验"必将成为促进中国基层群众自治工作发展的新思路。

(二) 我国基层群众自治与"枫桥经验"的关系

考察事物的发展脉络有助于从源头把握事物之间的联系。第一,"枫桥经验"发展的大致脉络。"枫桥经验"是社会实践的产物,有学者将其定义为:"以预防和调解解决社会矛盾纠纷为切入点、以社会治安综合治理为主要治理技术、以平安创建打造稳定的社会环境为目标,强化党委、政府对村民自治的领导和监督,通过加强党的领导和村级组织建设,以规范基层社会治理,实现社会和谐稳定的一种经验。"[①] 该定义已经触及了"枫桥经验"与"基层自治和治理"存在的勾连。从"枫桥经验"诞生至今,其发展可以大致划分出3个不同的历史阶段:① 从20世纪60年代到1978年改革开放,此为诞生阶段。此阶段"枫桥经验"的主要功能是政治教育和群众动员。② 从改革开放到"枫桥经验"诞生50周年的2013年,此为恢复发展阶段。此阶段"枫桥经验"的主要功能是社会控制和纠纷解决。③ 从2013年至今,此为新时期阶段。此阶段"枫桥经验"则担负着我国社会基层治理方面的任务。可以说,在社会的变迁中"枫桥经验"不断发展,至今仍然焕发着具有伟大实践意义的光彩。

第二,"枫桥经验"与基层群众自治的关系。基层群众自治组织是围绕共同利益、目标和价值而形成的非强制的团体。根据历史的发展脉络来看,我国的群众自治组织很难像西方那样自发形成,而是

---

① 汪世荣."枫桥经验":基层社会治理实践[M].北京:法律出版社,2008:7.

借助了党的领导和政府引导。从这个方面看,"枫桥经验"是我国形成基层自治组织的最初探索,其通过党政主导,有效培育了民间自治力量,达到了政府管理与社会自治的良性互动。目前桐乡市有大量社会组织自治参与社会管理,在矛盾调解、治安防范、医疗卫生、流动人口管理等方面发挥了积极作用。例如较为典型的有"乌镇管家"中心。该中心与政府职能部门联动,同时又与社区网格管理人员、乌镇居民管家互动,形成了社会共治共管的良好基层治理格局。又如,在"三治融合"发源地的桐乡市高桥镇,通过建立群众参政团、发展百姓服务团、成立道德评判团等形式,不仅完成了对"枫桥经验"的继承,而且对该经验进行了完善和发展。所以,"枫桥经验"作为我国基层社会治理的成功典范,继续推广和打造新时代"枫桥经验升级版"是促进基层群众自治发展的新趋势和新思路。

二、剖析:主要问题与困惑

(一)我国基层群众自治存在的主要问题

需要说明的是,我国基层群众自治的优势是显而易见的:第一,党的领导能够确保坚持正确政治方向;第二,基层自治能够基本保障群众利益和诉求;第三,与我国社会发展相适应又相互促进。本文侧重从下述几个方面论述我国基层群众自治存在的主要问题。

1. 我国基层群众自治制度法律体系建设滞后

在基层群众自治制度的法律体系建设方面,目前除了宪法有关规定外,还有《村民委员会组织法》和《城市居民委员会组织法》。但是,这些法律规定原则性较强,实体性的规定较多,程序性的规定较少,难以有效地指导基层群众自治。同时,相对于实践而言,相关法律法规的规定已不能完全适应基层群众自治的需要,群众在自治权受损的情况下却难以通过法律途径来维护自己的权利,由此就有可能使得"弱者的武器"成为他们捍卫自己利益的比较方便且又有效的工具。① 对于中国来说,"上访"可能就是普通民众运用得最为娴熟、最为有效的"弱者的武器","因为在一个政治与行政权力自上而下源出一体的社会结构中,法律本身的运作逻辑也得服膺于官僚化权力。民众通过越级上访和告状显然是比法律争讼来得更为便捷和节约成本"②。

2. 基层党组织与群众自治组织的关系不够协调

基层群众自治制度是党领导和支持人民当家作主的重要途径。但在实践中,尤其是在农村,一些地方的党支部和群众自治组织的关系并不协调。党支部和村委会出现"顾此失彼、你强我弱"之怪现状。在经济社会发展相对欠发达的地区,有的党支部把村委会变成"摆设",党支部成为实际上的村委会,相关自治制度往往被抛弃;在经济相对发达的地区,很多村委会主任由当地企业主或宗族势力担任,日益呈现"能人治村""富人治村"的现象,导致出现村委会更为强势甚至架空党支部的情况。

3. 基层群众自治组织与基层政权关系异化

根据我国《村民委员会组织法》和《城市居民委员会组织法》明确规定,基层政府和村(居)委会的关系是指导与被指导关系。但是,中国"基层社会的政治结构呈现出官强民弱的总体特点"③。例如,政府

---

① "弱者的武器"系耶鲁大学教授斯科特提出,主要是指:农民通过偷懒、装糊涂、假装顺从、诽谤、暗中破坏等手段与利益者之间进行斗争。
② 吴毅. 小镇喧嚣:一个乡镇政治运作的演绎与阐释[M]. 北京:生活·读书·新知三联书店,2018:87.
③ 吴毅. 小镇喧嚣:一个乡镇政治运作的演绎与阐释[M]. 北京:生活·读书·新知三联书店,2018:114.

通过人事任命、控制财务、干涉内部运行,强化了对社会组织的支配。社会组织的法律地位、组织机构、行为方式、功能作用都带有很强的政府管制色彩。在这一点上,我国的基层群众自治制度表现得尤其突出:由于政府加强了对乡村等基层社会的管理和控制,容易致使村(居)委会陷入从属和被动地位,继而成为一个"类行政化"组织。在实践中,一些基层政府却常常将村(居)委会当成自己的行政下级,下达种类繁多的指令性任务,致使基层群众组织自治功能弱化,"村治"在实施中相当大程度上体现了"乡政"的意图。①

(二)"枫桥经验"在发展中存在的一些困惑

"枫桥经验"主要是一种预防化解矛盾的经验,最为经典的"台词"为——"小事不出村,大事不出镇,矛盾不上交"。但随着社会的变迁,"枫桥经验"在发展中遇到了若干问题。一是矛盾化解与公共服务呈现不平衡状态。由于长期以来"枫桥经验"以有效维护社会稳定而著称于世,再加上当前社会治理难度空前增加,导致在某些地方"枫桥经验"工作理念出现偏差:政府投入大量精力,宣传打造"枫桥经验"以及过度关注"矛盾",从而使得政府甚至是基层自治组织在公共服务方面显得"顾此失彼、力不从心"。在某些地方,甚至出现了从上到下都沉浸于处理矛盾中,家庭琐事、邻里纠纷等小矛盾的调解牵扯了过多人力、物力和财力。二是未能形成"基层群众共同体"的和谐状态。对于一个基层自治群体而言,如果长期处于关注查找矛盾、消除维稳风险的氛围,显然不利于该基层自治组织的健康成长。反之,如果该基层自治组织通过社区建设引导整个群体关注邻里互助、社会公益,将有效形成"基层群众共同体"的真正和谐状态,而这种和

---

① 周挺.乡村治理与农村基层党组织建设[M].北京:知识产权出版社,2013:33.

谐状态反而更能减少各种矛盾。三是"枫桥经验"缺乏其他社会组织的有效支撑。目前"枫桥经验"虽然初步形成多元主体治理格局,但其主体仍然是各级政府、村社区两委组织、调解委员会等,缺乏其他社会组织的有效支撑。就如上文所述,诸如村委会、居委会这类组织行政化倾向较为严重,基层群众经常认为这些组织是政府的组成部分。

三、升级:"三治融合＋枫桥经验升级版"

如上文所述,我国基层群众自治制度取得了较大的进步与发展,但是,在新的时代背景下,基于当前社会出现的新情况以及基层社会治理提出的新任务,基层群众自治制度出现了许多新问题,比如:如何适应自治组织发展新形势进一步加强社区党组织的核心领导作用,如何在基层工作中创造性实现自治、法治、德治"三治融合",如何实现"枫桥经验"再次升级以更好服务基层自治工作等。这些新情况、新问题和新探索迫切要求以新的思路完善我国基层群众自治制度。囿于篇幅,下文主要在基层自治组织完善升级、创新构建"三治融合＋枫桥经验升级版"基层治理新模式等方面进行阐述。

(一) 进一步完善和理顺基层群众自治的法律体系、组织体系

1. 修订现有法律法规以及制定相关法律

一是及时修订《村民委员会组织法》《城市居民委员会组织法》,增强其切实可行的程序性制度内容,形成有利于发展基层群众自治的法治环境;要具体问题具体分析,在地方立法层面,结合不同的具

体实际,不断完善地方法规,加强和细化操作程序,以保证人民当家作主为根本目标,不断制定、完善、创新、落实各项基层群众自治的具体制度。二是要在《村民委员会组织法》《城市居民委员会组织法》的基础上,积极探索制定"村民自治法""城市居民自治法",主要内容和作用是:通过宪法、法律和法规,明确界定基层党组织、基层政府和群众自治组织的权责范围,将党、政府和群众自治组织在基层群众自治中的一切活动纳入法治轨道。

2. 理顺基层党组织、政府与群众自治组织的关系

作为中国人民和中华民族的先锋队,党不可能以超越于群众之上的权力进行领导,而需要在基层群众自治的框架下获得和证明自己的先进性[1]。所以,要进一步明确基层党组织与群众自治组织之间的领导与被领导关系,群众自治组织必须坚持党的领导,基层党组织不能"缺位",也不能"越位"。第一,加快推进基层党内民主建设。在基层群众自治的权力结构中,村(社区)党委会和村(居)委会之间的关系是影响基层自治发展的重大因素。党内民主建设必将带动人民民主,实现党内民主与人民民主联动发展。所以,基层党内民主的发展有利于密切党组织与人民群众的联系,有利于提高党组织的群众基础,有利于平衡和优化党组织和基层自治组织关系。第二,要转变基层政府和党组织的领导观念,使乡镇党委、街道党委和基层政府机构等认识到基层自治组织的独立性与自主性,转变基层自治组织是其"下属单位"的错误观念。第三,应协调相关权力间关系。政府要改变以往对社会事务全面包揽的做法,逐步退出社会能够自我管理和自我服务的领域,将工作重心下移到指导、支持、帮助和规范群众自治组织开展自治活动上,引导其更好

---

[1] 徐勇,徐增阳.乡土民主的成长:村民自治20年研究集萃[M].武汉:华中师范大学出版社,2007:59.

地服务群众,充分发挥政府在培育自治主体、规范自治组织、提高自治水平等方面的作用。

(二)进一步健全基层群众自治的相关机制和丰富自治内容

1. 进一步健全基层群众自治的制度机制

一是通过各种机制发掘群众自治动力,最大限度发挥社会自治功能。从基层群众自治组织的实践来看,当前应该着力发挥民间机构和社会组织在群众利益诉求、利益表达方面的重要作用,增强村委会、居委会、职代会等社会组织在扩大群众参与、反映群众诉求方面的积极作用,并从机制和制度上使之能真正代表各自群体的利益,确保选举决策机制民主和完善相应的民主监督机制,进一步增强其社会自治功能。二是对其他具有较大价值的村民(社区)自治实践形式予以推广和立法确定。例如,当前在浙江农村等地试行的"乡贤参事会""三级法律服务团"等,通过激活乡贤资源,发挥乡村精英在社会治理、公共服务中的作用,在基层工作中具有独特的优势。

2. 进一步丰富基层群众自治的内容范围

党的十九大报告指出:"加强农村基层基础工作,健全自治、法治、德治相结合的乡村治理体系。""巩固基层政权,完善基层民主制度,保障人民知情权、参与权、表达权、监督权。健全依法决策机制,构建决策科学、执行坚决、监督有力的权力运行机制。"从目前的实践来看,基层群众自治主要集中在村民自治、居民自治、企事业民主等领域,所以,还需要进一步丰富基层群众自治的内容和范围。改革开放以来,随着经济体制和社会结构的变化,大量新的经济组织、社会组织、群众自发组织应运而生,在基层社会中发挥着越来越大的作用,也应进一步扩大新兴社会组织的自主权、自治权和基层群众参与权,比如城市中的业主委员会、行业协会、专业性行业协会和经济组织等。

(三) 推动村民自治向农村社区自治新模式转变

中国是一个农业大国,农村工作一直是重点,在基层自治工作中亦概莫能外。如上文所述,我国基层群众自治组织中村委会的数量是居委会的3倍余。所以,推动村民自治工作发展是值得重视的问题,故本文予以单独探讨。改革开放以来,经济快速发展引发的城镇化加速和社会结构的持续性变迁,改变了传统意义上的农村社会形态,进而使村民自治赖以生存的社会基础产生了重大变化。正因如此,村民委员会越来越无法满足农村社会的结构性变革对基层治理转型的需要。在此情形下,农村社区自治作为一种新型的自治模式,成为承接村民自治发展的重要载体。与村民自治主要关注村庄内部事务不同,农村社区服务的对象不再局限于本村户籍人口,而是覆盖到社区全体成员;社区的服务内容涉及贫困救济、医疗保障、文化教育等各个方面;社区内部除了村委会、党委会、村民代表等参与主体之外,还出现大量的社会组织、经济组织等其他参与主体。所以,农村社区自治呈现出较大的包容性与开放性,它是以生活在社区内的所有居民为主体,围绕社区居民公共生活及利益需求,积极发挥政府、社区、社会、居民、市场多种力量合力参与的公共治理。总之,以农村社区自治为方向的基层民主实践,将推动村民自治向更加开放多元、更加自由平等、更加公平正义、更加和谐融洽的方向转变。

(四) 创新构建"三治融合+枫桥经验升级版"基层治理新模式

党的十九大报告提出,健全自治、法治、德治相结合的乡村治理体系。这是首次在党的重要报告中将自治、法治、德治相结合应用到乡村治理体系之中,同时也适用于中国基层社会治理模式。笔者认为,在新时代中国,基层群众自治的发展应当从基层民主建设向基层社会全方位治理的方向转变。具体而言：

第一，要以自治、法治、德治相结合（"三治融合"）为基层社会治理的基本路径。自治意味着社会组织尤其是基层自治获得充分的自治权能，提升了社会组织在治理中的能动性和积极性；法治在基层工作中主要是保障和规范功能，在限缩政府权力的同时，使社会组织获得更多的独立性，保障了社会组织的自治权与自治效力；德治可以视为基层社会自治、法治的基础。在国家积极推进治理能力和治理体系现代化的背景下，在基层自治领域将德治和法治紧密结合起来，是社会基层治理的必然发展趋势，在基层工作中应当更加重视乡村治理中道德力量的运用，将法律和规则的硬调控作用与道德的软调控功能紧密结合起来。

第二，统筹构建"三治融合＋枫桥经验升级版"基层治理新模式。如上文所述，"自治"是基层工作和生活的主要方式，所以必须在"自治"方面进行全方位的升级与完善——"枫桥经验"就是促进基层"自治"工作最佳的着力点。半个多世纪以来，"枫桥经验"的成就表明，我国基层群众具有民主自治的高超智慧。在新时代，打造"枫桥经验升级版"主要应当做好以下几个方面的转型：一是从管控走向服务。"枫桥经验"长期以来带有较为严重的管控色彩。但是随着时代的变化，这种观念应当及时转变。尤其是在基层工作中，应当更加强调公共服务，将社会管理寓于社会服务中。二是从单一走向共治。虽然"枫桥经验"的"社会参与"氛围浓厚，但总体而言是以政府为主导的。今后，应当更加注重发挥基层自治组织、社会组织以及社会志愿者的作用。三是从事后走向源头。传统的"枫桥经验"作为矛盾化解的工作方式，主要进行的是事后干预，但是现代治理应当更加注重源头预防，所以应当增强基层工作的前瞻性、主动性，将矛盾和隐患化解在原始状态。我们相信这些经验必将丰富中国基层社会治理的实践，为下一步我国基层事业打下良好基础。

【作者简介】

康建弘,桐乡市人民检察院副检察长。

潘志勇,男,江西宜春人,1982年10月出生,东北财经大学法律硕士,现任桐乡市人民检察院一级检察官、侦查监督部副主任,浙江省检察理论研究人才。公开发表论文30余篇,理论研究曾多次荣获最高人民检察院、浙江省人民检察院优秀论文一、二、三等奖,荣立个人三等功一次,系嘉兴市人民检察院"侦查监督十佳检察官"。

控制与自治相结合的基层社会治理模式

——桐乡"三治"融合创新农村社会治理的实践与思考

白　露

摘　要：基层社会既是社会治理系统的末梢，又是社会治理的基石。中国数千年基层社会治理模式从一元化的控制发展到二元化的控制与德治相结合再到现在三元化的三治结合逐渐演进。事实上，古代的德治与法治分别是社会控制的软、硬手段，只有社会主义制度下的自治脱离了控制的范畴，而自治和控制的结合与平衡构成了新时代社会主义基层社会治理的新思路。

关键词：三治　农村　社会治理　控制

一、农村社会治理模式的历史演变

(一) 一元化的控制型治理模式(古代的法治)

自秦始皇在华夏大地建立第一个中央集权政权,此后的历朝历代政权原则上都属于中央集权的郡县制国家①。郡县制体制是在幅员辽阔的华夏大地实行高度中央集权,进行社会控制的一种社会治理模式。这种治理模式首先是中央政府划分地方政区,并根据地方政区逐级设立地方政府,地方政府均服从中央政府管理,中央政府通过地方政府再通过县一级基层政府对分散的民众实行直接统治。这种社会治理模式包含上下两个层面。上层是中央与地方政府的关系,即中央政府为了统治各个政区所形成的政治结构;下层是地方政府为了统治辖区民众所形成的政治结构。无论是上层政治结构还是下层政治结构,秦代都未脱离法家控制型社会治理的思想。控制型社会治理模式要求中央对地方、地方对民众个体形成完整的控制链条,这种自上而下严酷的控制,使秦国汇集了种种强大的资源汲取能力。以秦为例,控制型社会治理主要有以下措施:

(1)摧毁一切有组织的"中间力量",使民众以原子化形态直接面对国家的汲取。主要就是打击贵族,推行以吏治国。先秦贵族的权力、土地和民众,不受君主直接控制。国家在汲取资源时,面对的不是原子化的自耕农,而是组织化的贵族。为维护自身利益,贵族会自发抵制国家的过度汲取。商鞅以成文律法的形式,推行无军功不授爵等制度来打压贵族,推行以吏治国,吏的权利和任免完全操于君主之手。脱离了贵族"小共同体"保护的普通民众,遂不得不直接面对

---

① 可参见 GUY K. Qing Governors and Their Provinces: The Elvolution of Territorial Adminisrration in China[M]. Seattle: University of Washington Press, 2010.

国家的汲取。这种汲取较之贵族更甚——学术界一般认为：商鞅变法后的秦帝国普通民众，须向国家缴纳年产出的 2/3。①

（2）用告密手段、恐怖手段来控制民众，制造"特务国家"。商鞅规定：编民五家为伍，十家为什，一个编制里的百姓，若有人犯法，其他人不向政府告密，会被株连，告密者则可得到重赏。不独邻里之间，同床共枕的夫妻也负有互相告密义务。这种告密制度，将民众牢牢捆绑在国家机器上不得动弹，秦国变成一个遍地告密者的"特务国家"，也导致社会风气的严重败坏。据《汉书·刑法志》记载，直到汉文帝时代，民众乐于告密的风气才得到扭转。

（3）愚民、弱民，制服本国民众。在商鞅看来，制服本国百姓，最重要的工作是要懂得愚民、弱民。民众愚昧，就易于治理。民众没有知识就弱，有知识就强；民众弱，就安分守己，民众强，就会逾越本分对抗政府。商鞅提供了 3 种办法：一是要驱逐知识分子，烧毁诗书。二是政府不要因战功、农耕以外的任何理由奖赏百姓。三是大臣、士大夫不许做展示自己博学多闻、能言善辩的事情，以免成为百姓的榜样。最极致的愚民，不应该思考国家政策的好坏，不应该拥有思考国家政策好坏的能力，不应该产生思考国家政策好坏的念头。愚民只需要服从国家的法令。只有让国家富有、让民众保持贫穷的治国方法，才可以使国家强大。另外要持续剥削，不断发动大规模战争，国家控制包括土地、山林、盐铁在内几乎所有核心经济资源，如实行严格的"国家授地制"，确保国家垄断，消灭民间竞争。②

显然，秦国采用商鞅之法，对民众的控制非常有效。这种有效控制，使秦国动辄能够"空国中之甲士"，出兵数十万发动战争，乃至征发上百万人营造宫室陵墓。反观其余六国，虽然也都搞过变法运动，

---

① 《汉书·食货志》称秦"收泰半之赋"，"泰半"即三分之二。
② 《商君书·弱民》《商君书·画策》《商君书·定分》《商君书·垦令》等。

但因贵族的强大影响力仍在,故资源汲取能力远不能与秦国相提并论。六国不能彻底变法和完成对社会基层控制,间接地导致了六国的覆亡。① 略言之,"商鞅变法为秦国缔造了一个强大到极点的政府、一个萎缩到极点的社会以及一群沉默到极点的个人"②,这是秦国"崛起"的根本原因。

秦国这种通过对基层社会③进行单一控制的崛起模式,是法家思想在社会治理中的实践。需要说明的是,法家的法治思想与当今的法治理念并非等同。法家通过严刑峻法对每一个个体进行控制的社会治理模式,导致皇权直面每一个个体,皇权与每一个个体之间无缓冲余地。当皇权与民众个体利益一致时,尚且能维持社会运转,而一旦皇权与民众个体利益冲撞时,无妥协空间,民众毫无退路可言,只能推翻皇权。陈胜、吴广揭竿而起,天下响应,就是这种极端控制型治理的恶果。因此,控制型社会治理无论是在当时,还是在今天,都不是一件值得称道的事情。

(二) 二元化的控制与德治相结合治理模式(古代法治与德治)

汉代至清末,德治纳入社会治理体系,与控制型的法治共同支撑整个社会治理体系的运转。中国古代的德治有着强烈的教化色彩,有着明确的规劝并约束权力控制的意向,有着浓郁的尊重和体恤人民的仁爱情怀。德治不仅是古代社会治理的一大法宝,而且也是考量统治合理性、合法性和正义性的一个核心因素。由此也就决定了古代统治者推崇以德服人的教化,它强调的不是强力的控制与压服,而是心悦诚服的感化与教化。德治的教化与法治的控制稳定在德主

---

① 王威海. 中国户籍制度:历史与政治的分析[M]. 上海:上海文化出版社,2006:55.
② 徐田波. 战争与国家形成:春秋战国与近代早期欧洲之比较[M]. 徐进,译. 上海:上海人民出版社,2009:译者序.
③ 本文中基层社会指乡村、社区等最小行政治理单元。

刑辅、内儒外法的格局下,共同驯化成为君主专制的手段。

中国古代德治强调的教化与引导,从本质上说也是控制的一种治理手段,与法家控制社会的目的趋同。从德治、法治目标来看,两者都在求"治",都谋求建立一种控制型的社会运行法则,确立起稳定可控的社会秩序。两者目的指向趋同,方法路径则各有侧重。在历史上,德治、法治曾有合作也曾对立,或者此消彼长,或者互参互补,都体现其当时的历史、社会特点,具有历史合理性,发挥了应有的作用。德法兼治事实上已经成为一种政治文化传统,难以忽视。德法两者在立论层面不存在高下优劣的差别,也不适宜用割裂的思维明确各自的是非对错。中国古代德治、法治思想各有侧重。德治的思想在儒家学说中体现得比较充分,在西汉春秋决狱成为法治基本制度后,儒家学说的思想更成为德治的理念源泉。德治注重通过教化,提升个人、家庭乃至全社会的整体道德水准,达成协和万邦的目标。德政追求的良好社会秩序,应该各安其位,各正其行,各尽其责,正如孔子所说:"君君、臣臣、父父、子子。"(《论语·颜渊》)调节矛盾冲突时也不提倡以诉讼作为主要手段,孔子说:"听讼,吾犹人也。必也,使无讼乎!"(《论语·颜渊》)儒家所倡导的德治理念,通过礼教来实现社会的有序、稳定,具有高度的历史进步意义,是对法家控制型社会治理模式的一个有效补充。

(三) 自治、德治、法治结合的三元化治理模式

村民自治由来已久,自 1987 年《中华人民共和国村民委员会组织法(试行)》颁布起,村民自治正式成为中国农村改革和治理实践的中心概念和主要内容。该法颁布以来,村民自治制度在变动的社会经济环境和国际环境中受到高度关注,并取得了重大成绩,被列入改革开放以来农村改革的三大创新之一,其所开创的基层民主制度也成为我国社会主义重要政治制度之一。然而,村民自治实践却正在遭

遇瓶颈,基层社会治理停滞不前。

突破口由桐乡于2012年率先打开,推行"三治"合一的社会治理模式。"三治"在高桥街道试点,在越丰村显示出强大的正能量。越丰村处于城乡接合部,当时因为建高铁需要拆迁,极易引发矛盾甚至群体性事件。如何从源头上预防矛盾纠纷的产生,桐乡探索出一条以人民为中心,依靠群众,让群众参与决策,干部群众一起干,经济发展与改善群众生活相结合的"三治"合一模式。2013年6月以来,越丰村探索形成"大事一起干,好坏大家判,事事有人管"的"三治"格局。在"自治"方面,成立百姓议事会,由群众威望高、综合素质好、法律意识强的村民作为固定成员,加上利益相关的非固定人员组成。重大事项经百姓议事会讨论,再提交村民大会表决。在"法治"方面,建立法律服务团,由律师事务所、检察院、司法所和派出所等单位工作人员组成,每月15日进村提供专业法律咨询等服务。在"德治"方面,建立由村党总支书记担任协调人,包括小组长代表、党员代表、村民代表、道德模范代表等人组成的道德评判团,参与重大事项监督和评议,参与化解各类矛盾纠纷。"三治"三管齐下,高铁顺利建成,村民住上了漂亮的新房,越丰村实现了5年来信访事件与行政诉讼案件零发生、矛盾纠纷零上交"两个零"。

桐乡的"三治",在实践中显示出越来越强的生命力,并走向全省、走向全国。2017年6月,中共中央、国务院出台《关于加强和完善城乡社区治理的意见》,提出弘扬公序良俗,促进法治、德治、自治有机融合,"三治"走向全国。党的十九大报告指出,加强农村基层基础工作,健全自治、法治、德治相结合的乡村治理体系。

桐乡"三治"创举,也是社会主义协商民主广泛多层制度化发展的生动案例。"三治"的主题在于如何将自治制度嵌入农民的日常生活实践中,通过持续的民主自治实践操练,将其精神内化为农民的日常惯例和政治信仰。自治权利第一次赋予了农村居民自主权利,打破了自古以来对基层居民控制的模式,其意义重大,使得基层社会治理不仅可以适应农村改革和国家的经济体制改革需要,而且为进一步的国家治理体制改革奠定基石。"自治"作用发挥得好,不但不会弱化党和政府的作用,还会提高党和政府的威信。因为村和社区都有党组织,村民委员会是基层群众自治性组织,社区居委会是城镇居民的自治组织,党组织对村民自治有统筹协调的机能,能够牢牢把握自治的大方向而不至于失控。

二、控制与自治的平衡

孔飞力在《中国现代国家的起源》一书中指出:"在中国长期的帝制历史上,没有哪一个问题比什么是统治乡村地区的适当方式,引起过更为激烈的争辩了。国家利益与地方社区利益应该如何保持平衡? 各种自发产生宗族、地方宗教、村中长者等等,是否是维持社会秩序并促进国家昌盛的最好依靠力量? 有没有必要建立由政府控制的保甲体系,或者,应当采用某种更为分散的体系?"[①] 孔飞力所提的一系列问题,都涉及国家如何统治基层社会。我们认为,处理这一问题的复杂性在于,国家既需要加强对基层社会的控制,又需要降低来自民众的统治风险,在控制与自治两种极端中取得平衡,而途径就是桐乡率先取得成功的"三治"模式。

(一) 社会治理面临的风险

古代法家通过保甲等控制与儒家德治教化,只考虑了国家对基

---

① 孔飞力.中国现代国家的起源[M].上海:三联书店,2013:59.

层社会的控制目标,忽略了国家的另一个目标——降低社会风险的目标。外儒内法只考虑了集权国家面临的一种社会风险即"官民冲突的风险",通过儒家礼教固化秩序,通过严刑峻法控制社会。这种模式忽略了另一种社会风险,即隐藏于基层社会内部、对政权稳定构成潜在威胁的因素。从一般意义上来说,社会治理所面临的社会风险有两种类型。一种类型是来源于政府对民众实行统治的过程中,因法律过于严酷,或因政策与民众利益相悖,或因官员的专断、腐败、决策失误等原因,容易导致官民冲突,危及社会稳定和政权安全。另一种类型不是来源于官员的行政活动所可能带来的官民冲突,而是来源于基层社会潜藏的、对政权或社会稳定构成威胁的因素,如现政权的异己分子和不满分子、宗教上的异端组织、民间秘密组织、对公共秩序构成威胁的犯罪分子或者基层自身矛盾蔓延等。此种社会风险可以称为基层社会内部矛盾。如何同时降低和控制上述两种社会风险,是政府在社会治理上所遇到的首要问题。

(二) 引入自治的必要性

中国封建政权为了降低行政治理风险,政府通过引入或承认德治的协调功能,使得正式的权力机构不必直接与民众打交道,而是与民众的代理人如乡绅、族长等进行接触,从而在国家与基层社会之间起到缓冲作用。在清代,控制型社会治理的具体形态是保甲体系与乡绅和宗族德治系统的结合。保甲体系是一张覆盖全国城乡的治安监控网络,其功能是对基层社会的动态信息进行收集与登记,并及时向官府报告;同时,监控基层社会的可疑人物及有威胁性的事件。因此,保甲制度之推行,所针对的是对政权与公共安全具有潜在威胁的人和事,即是为了控制。乡绅和宗族德治系统则有助于降低官民冲突的风险,此即费孝通所指出的:自上而下的集权统治隐含着很高的风险,为了政权稳定和长治久安之计,需要构筑集权统治的安全阀①。此种安全阀是把政府适当隔离在基层社会的内部纠纷和内部事务之外,避免直接介入基层社会的内部事务。德治、法治系统相结合,两者之间既要有相互制约,也要有各自的分工和相对独立性。从保甲体系的设计来看,"十户立一牌头,十牌立一甲头,十甲立一保长"的刚性规定,显然不符合中国乡村社会以村落、家族或宗族为基本单位的事实,这样做的目的无非是有意避免以宗族为基础建构基层社会的控制体系,防止保甲组织被宗族所控制。这说明政府不仅要利用保甲体系监控普通民众,也要监控地方乡绅。不过,对乡绅的监控也不能过于削弱乡绅在基层社会的特权和协调能力。由于保甲制度需要对户籍信息和人口进行实时监控,许多乡绅对此非常抵触。为了获得地方乡绅的支持,地方官通常对乡绅做出特殊照顾——纵使这样做,也仅仅是缓解行政治理风险,而对基层社会存在的自发性风险仍然无所作为。

于是,当代中国重新引入村民自治制度,其背后的逻辑就在于把村庄公共事务交给村民组织自我管理,政府得以避免介入村民之间的利益纠葛中,减少、降低政府与民众发生冲突的机会和程度。这就在基层社会治理上形成了同时并存的两套治理系统,这两套治理系统既发挥各自功能,又相互结合,形成所谓的"控制与自治相结合模式"。

(三) 控制与自治相结合的进阶——桐乡"三治"

中华人民共和国成立之后,在乡村地区建立人民公社制度,一度把政权机构往下延伸到各个村庄;与此同时,国家消灭了乡绅阶层,瓦解了宗族组织,把基层社会的治理模式变成了单一的控制模式。

---

① 费孝通. 中国士绅[M]. 北京:生活·读书·新知三联书店,2009:65-69,62-73.

然而,此种集资源动员和严密控制于一体的社会治理模式,带来了严重的经济和社会危机。1980年以后,国家在乡村地区开始废除人民公社制度,建立乡镇政府,在乡镇之下则建立村民委员会,推行村民自治制度。这意味着,中央政府在治理基层社会上,开始放弃单一的控制模式,转向"控制与自治相结合模式"。此种转型经历了三个阶段:第一个阶段是在乡村地区重新引入村民自治制度;第二个阶段是在城乡社区内部重建垂直控制的监控系统,即推行网格化管理;第三个阶段是党的十九大报告提出的"三治融合"模式。网格化管理起源于2004年北京市东城区对社区管理的创新,此后,中央政府逐渐把这一经验推广到全国其他城市。2013年,中共中央发布《关于全面深化改革若干重大问题的决定》,提出"以网格化管理、社会化服务为方向,健全基层综合服务管理平台",网格化管理开始向全国农村地区推广。所谓网格化管理,就是把城乡社区(村庄)划分为若干网格工作单元,每个网格单元指定专人负责信息收集与上报以及纠纷处理。

经过上述前两个阶段的转型,当代中国对基层社会的治理中,控制系统更强大,自治系统相对较弱,而且自治系统也更多地受制于政府监管。直到桐乡率先实践"三治融合",实现了法治、德治、自治3种治理模式平衡,同时也在控制与自治之间取得了平衡。不难看出,经历了经济的快速发展,社会矛盾化解的方式并未更新,农村地区干部和农民之间的矛盾仍然存在,需要充分发挥村民自治制度来降低官民冲突的风险和基层社会自发矛盾的风险。

三、结论与讨论

本文的结论是,此种"控制与自治相结合模式"之形成,是源于国家在治理基层社会上,需要同时降低行政管理冲突的风险及基层社会自发矛盾所带来的风险。具体而言,为了降低官民冲突的风险,不得不引入德治,以便在国家与民众之间形成一个缓冲地带;为了消除"基层社会自发矛盾的威胁因素",引入自治的社会治理模式,让基层矛盾在自治模式下自我消解。而桐乡"三治融合",就是这一模式的有益实践。

【作者简介】

白露,男,1986年5月出生,华东政法大学法律硕士,现任桐乡市人民检察院刑事执行监察部副主任科员。承办反贪污贿赂、公诉、刑事执行案件200余起,公开发表理论研究文章多篇。

论检察机关借鉴"三治"理念化解社会矛盾

李元兴　叶　飞

摘　要："三治"源于基层,定位于基层,是"嘉兴版"创新基层社会治理的"枫桥经验"。在改革开放不断深化、法治春天到来的新时代,基层检察机关如何寻找与自治、法治、德治的结合点,在参与社会治理、化解社会矛盾方面发挥应有作用是摆在我们面前的重大课题。本文以检察视角分析探讨基层检察机关如何立足检察职能运用"三治"化解社会矛盾,在此基础上研究完善检察环节化解社会矛盾的工作机制。

关键词："三治"　检察机关　化解社会矛盾　完善机制

"要加强农村基层基础工作,健全自治、法治、德治相结合的乡村治理体系",中国共产党第十九次全国代表大会将"三治"这一源自嘉兴桐乡的创新成果写入报告,成为新时代基层社会治理的方向。当前,我国正处于全面建成小康社会的决胜阶段,人民群众对于司法机关加强人权保障、深化司法公开的要求越来越高,迫切需要检察机关进一步更新司法理念、改进办案方式、规范司法行为、化解矛盾纠纷、提升司法透明度。"三治"模式在基层治理中的成功应用,也给检察机关参与社会矛盾化解提供了生动的范例。

一、检察机关在参与社会矛盾化解中的定位

检察机关作为国家法律的监督机关,通过对行政、审判、执行等活动开展监督,促进司法公正,可以有效化解消除社会矛盾。同时,检察机关通过打击刑事犯罪又可以减少和消除违法犯罪隐患,尽量减少和避免社会矛盾。检察机关参与社会矛盾化解不仅是应有之义,也是宪法定位的职责所在,但在实践中也应防止就案办案和盲目参与。

(一) 防止就案办案

传统观念中,检察机关的主要职能就是打击刑事犯罪、强化诉讼监督,办案就是检察机关的全部工作。当前,我国正处于发展的重要战略机遇期和社会矛盾凸显期,社会矛盾将在一定时期内表现得更加突出。在新时期新形势下,检察机关不仅要强化法律监督,还要担当社会矛盾纠纷的调停者,这就要求检察机关要把打击预防刑事犯罪和开展诉讼监督放在化解社会矛盾、构建和谐社会的高度进行,自觉转变为化解社会矛盾的主体之一。检察机关在宪法定位中作为国家法律监督机关的特殊地位,使其在化解社会矛盾过程中具有天然的权威性和不可替代性。因此,检察机关在履行职能过程中要坚决

摒弃就案办案思想,要以高度的政治责任感,不断提升大局意识和责任意识,把化解社会矛盾作为分内之事和重要工作,坚持贯穿到执法办案全过程。

(二)坚持立足职能

由于广大人民群众普遍认为检察机关是我国宪法规定的法律监督机关,有权对所有单位和个人开展监督,故认为检察机关无所不能,从而导致大量的非管辖问题涌入检察机关,不仅挤占了有限的检察资源,亦使检察机关陷入进退两难的尴尬局面。部分检察机关为追求创新,主动办理一些非职能范围内事项,虽然这种做法传递出了正能量,但过多涉及这些领域,不仅有越权嫌疑,且易导致本职工作的荒废。化解社会矛盾是一个系统工程,涉及社会的方方面面,而检察机关不可能也没有能力解决所有矛盾。因此,检察机关在社会矛盾化解工作中的定位应当是牢牢把握国家法律监督机关的宪法定位,恪守权力边界,立足检察职能,遵循检察规律,在履行和延伸职能过程中发挥化解社会矛盾的不可替代的作用。

二、"三治"为检察机关化解矛盾提供借鉴

桐乡的"自治、法治、德治"基层社会治理模式起于2013年,乡镇试点组建了3支党组织领导下的、植根于民间的团队:百姓参政团、道德评判团、百事服务团。由老百姓参与公共决策,自己的事自己说了算,自己参与干,干得怎么样自己参与评判。在试点取得阶段性成效的基础上,当年底全市层面全面铺开。2014年成立市、镇、村三级法律服务团,成员来自全市公、检、法、司机关及各个律所的法律业内

人士。2015年以来结合习近平总书记关于社会治理的一系列重要讲话精神以及实践中遇到的具体问题,进一步抓好顶层和整体设计,出台了18项长效工作机制,并不断丰富内涵、拓展外延,健全落实党组织领导下的基层治理体系。全市在镇、村(社区)两个层面都有了相对完备、有效的工作载体,村级层面组建了以百事服务团、法律服务团、道德评议团和百姓议事会、乡贤参事会为主要载体的"三团两会",镇级层面组建了以百姓参政团、法律服务团、道德评议团为主要载体的"三团"。在具体实践中,调动了个人、社会组织和政府等各个主体的主观能动性,有效衔接了平安建设、法治建设,实现了管理方式由防范控制向服务管理并重、有序活力相统一的多元治理转变,充分激发了广大人民群众参与社会管理的积极性和主动性,开创了"大事一起干、好坏大家判、事事有人管"的生动局面。

2018年1月,中央政法工作会议提出"坚持自治、法治、德治相结合,是新时代'枫桥经验'的精髓,也是新时代基层社会治理创新的发展方向",实际上为检察机关化解社会矛盾、参与社会治理指明了方向、提出了要求。在新时代语境下,检察机关深耕法律监督的主责主业,推进工作理念的转型发展,讲好"三治"融合的检察故事,在执法办案中化解社会矛盾、助推社会善治,不仅是新时代"枫桥经验"的再宣示,也是当代司法工作者的应有之义。

首先,以法治为保障。大到新时代"枫桥经验"和"三治"在未来司法制度中的建构,小到个体矛盾纠纷中的评价标准,都应在法律框架内进行。只有在法治框架内完成的社会矛盾化解,才有持久的生命力和高度的权威性,才能经得起推敲和检视,才具有典型样本的推广意义。

其次,以德治为引领。乡土社会的转型发展给法律和传统文化资源的结合提供了契机,德治扎根于乡土社会,传承并且发扬了我国传统礼治的精髓,道德法则不能是空洞、抽象的,而应是具体、实在的,德治与法治、自治相结合才能最大限度地激发道德力量,实现示范效应,形成基层治理的助力。

最后,以自治为核心。在社会矛盾化解中,我国自古即有法、理、情相互交融的传统,"三治"在乡土社会生根发芽,乡村自治同传统文化密不可分,能有效补足法治空间的不足。检察办案本身就是"定纷止争"的过程,检察机关运用"三治"化解社会矛盾既有对公序良俗和朴素传统的遵循,又有中国特色社会主义法治的时代价值追求,通过平衡公权与私权的边界,充分尊重和维护个体的合法利益,从而使得自治、法治、德治相辅相成。

三、检察机关运用"三治"化解矛盾的路径

作为"三治"发源地的基层检察机关,运用"三治"化解社会矛盾,一方面要坚持立足职能、扩展工作外延,顺应检察工作规律,体现检察职能优势;另一方面,要充分依托"三治"搭建的载体,融入基层矛盾化解大平台,通过"自治、法治、德治"融合,注重源头预防,及时掌握信息,争取工作的主动性,努力实现优势互补,最大限度地减少和预防社会矛盾。

(一)依法全面履职,保障群众合法权益

一要围绕人民群众最关注的平安建设强化刑事办案。要坚持做到严格依法、宽严相济,该严则严、当宽则宽,注重效果。一方面,必须要全面、准确地把握宽严相济刑事政策的内涵,惩罚首犯、主犯,突出打击黑恶势力、严重暴力、"两抢一盗"、涉枪涉爆涉恐等严重危害

人民群众安全的犯罪,坚决打击危害食品药品安全、环境污染、网络电信诈骗等发生在群众身边、损害群众利益的犯罪,努力提升人民群众的安全感。另一方面,对从犯、偶犯、中止犯和坦白自首者依法从宽;对青少年犯教育、感化、挽救,要坚持打击极少数、教育挽救大多数的原则,切实转变以往"构罪即捕"的审查模式,对"可捕可不捕的不批捕""可诉可不诉的不起诉",坚持少捕慎诉,避免办案中产生新的矛盾,最大限度降低执法办案的"负面产出"。

二要围绕广大人民群众的根本利益深化法律监督。突出审查逮捕、审查起诉等职能的监督属性,充分发挥诉前主导、审前过滤功能,严把案件事实关、证据关、程序关和法律适用关,下大力气强化精准监督,持之以恒纠防冤假错案,把罪刑法定、疑罪从无等人权保障理念坚持好。要围绕虚假诉讼、民事裁判结果监督、执行监督等严重侵害老百姓切身利益的领域,开展类案监督和专项监督,把监督工作做到老百姓的心坎上,把执法办案的过程作为化解社会矛盾的过程。

三要围绕保障人民群众参与基层自治的权利依法履职。坚决查处在基层组织选举期间发生的各类破坏选举的违法犯罪案件,依法保障基层民主选举顺利进行。加强与纪检、组织等部门的联系,及时反映所掌握的有关情况及在监督中发现的问题。充分发挥检察职能优势,帮助基层自治组织围绕易发违法犯罪环节建章立制、堵塞漏洞,提高自治管理水平,联合相关部门督促健全基层自治组织议事和决策规则、村(居)务公开等相关管理制度,保障群众应有的知情权、参与权、决策权和监督权。

(二)注重源头治理,依托办案修复社会矛盾

一是要拓宽矛盾发现渠道。多方面开展社情民意调查,听取民声,了解民情,掌握民意,发现问题;要积极主动地深入基层,大力开

展"检察官进村(社区)、进企业、进校园"等活动,不断建立健全回访、走访、下访和巡访等制度,通过深入走访群众自治组织和社会组织,准确把握民情动向,及时发现矛盾隐患。检察机关要充分依托百事服务团、法律服务团、道德评议团和百姓议事会、乡贤参事会"三团两会"的力量,全方位收集基层群众关注的医疗、社会保障、征地拆迁、环境保护、扶贫救助等矛盾苗头隐患,实现重大案件风险隐患排查,推行矛盾纠纷的前端介入,确保矛盾早知晓、早化解,努力实现个案法律适用与社会关系修复的有效统一。

二是要完善矛盾化解机制。检察机关社会矛盾化解工作是一项覆盖范围广、涉及主体众多、关系复杂的系统工程,要融入社会矛盾大调解平台,加强与公安机关、人民法院、司法行政机关等职能部门的协作配合,依托道德评判团、乡贤理事团、法律服务团、法律义工等民间组织和力量,通过政府、司法机关与民间组织的通力配合,努力形成化解社会矛盾的合力。对于影响面大或者矛盾集中的重大、疑难复杂案件,可提请协调解决,运用司法救助、民事诉讼、心理咨询等综合性手段化解社会矛盾。要坚持检察办案与基层矛盾纠纷化解工作一体化开展,积极推进刑事和解、羁押必要性审查等工作,将刑事和解、诉前会议等工作向基层倾斜,通过走访案件当事人所在村(社区)开展调研、释法说理,邀请基层派出所、镇、村等多部门代表参与公开听证、诉前会议,有效调处案件当事人矛盾纠纷,为社会关系修复留出空间。

三要关注特殊群体的权益维护。"三治"更加注重人文关怀,检察机关要结合本职加强对新居民、未成年人等特殊群体的关怀和维权,在通过办案化解矛盾的同时,更加重视后续的帮扶和矫正。当国家利益遭受严重损失或农民工等弱势群体利益遭受侵害且有可能影响当地社会稳定等情况出现时,主动引导有诉权的单位和个人以诉讼方式维护合法权益,必要时支持起诉。在办理未成年人刑事案件过程中,要加强与"法治驿站"、"义工法律诊所"、学校、村(社区)、专业帮教机构等的协作,多方听取其亲属、学校和社区矫正等方面的意见,使其接受法治教育的同时,产生发自内心的道德约束,更好地回归家庭和社会,注重社会关系的自我净化和修复。要加强与教育部门、法治教育基地的合作,努力提升未成年人自我防范和保护意识。

(三)坚持精准普法,深化细化释法说理工作

一是加强执法办案中的释法说理。法谚有云:"正义不仅要被实现,而且要以看得见的方式实现。"现实中有的涉法涉诉信访案件,并不是因为司法机关的裁判、决定不公正,往往是相关文书或者工作缺少适当的解读和解释而让当事人难以理解,使得司法裁判、决定中的公平正义不能被切实感受到。检察机关要结合办案,强化释法说理,以通俗明白的语言把裁判、决定中的规则、道理解读给当事人听,使其知其然,也知其所以然,最终达到化解矛盾、案结事了的效果。如在刑事和解中可以根据案件需要邀请社会调解组织中的人民调解员、"三团两会"中的成员参与到检察机关社会矛盾化解工作中来,既有助于加强对检察机关工作的监督,又有助于对当事人开展必要的释法说理和矛盾疏导工作。提高检察干部释法说理的可信度和说服力,要完善检察机关法律文书内容,增强不立案监督、不起诉、不赔偿等法律文书情理分析、法理阐述的分量,规范和促进办案说理、答复疏导工作的开展。要加强庭审释法说理工作,结合庭审情况,就案件的争议焦点、证据采信、法律适用、定罪量刑等问题,在注重法律规范的同时,深入浅出地释法说理讲情,在促使案件当事人认罪服法的同时,形成对旁听人员的普法效应。

二是加强日常工作中的普法教育。当前,在"谁执法谁普法"的

普法责任制下,检察机关开展精准普法有其他部门无法替代的职能优势,其日常接触的嫌疑人、被害人以及其他与案件有关的当事人往往是最迫切需要了解法律知识、最需要进行普法教育的群体。检察机关要把精准普法贯彻执法办案始终,通过典型案例和反面教材现身说法,达到办理一案、教育一片、警示一方的法律效果。要将精准普法工作向乡村倾斜,建立健全精准的普法团队,进一步突出对乡村基层的普法工作。通过定期走访基层,收集基层法律需求,着重针对农村中小学生、新居民、社区老年人、中小企业主等群体,开展主题宣讲,不断提升基层法治素养。

三是积极开展相关的法律服务。要充分发挥检察人员参与市、镇、村三级法律服务团的职能作用,进一步突出辐射效应。要深入基层开展法律服务工作,进一步把握民生热点,结合宪法宣传日等重大宣传活动和日常调研走访,深化基层检察室等检力下沉平台,对接"三治"载体,面对面倾听和了解群众诉求,不断提升检察机关化解社会矛盾的能力和群众工作水平。要结合职能通过提供法律咨询、法律宣传等形式服务保障非公经济健康发展,在依法办案的同时维护企业及其员工的合法权益,在惩治犯罪和维护权益之间寻求平衡,努力减少社会不和谐因素。深化检察服务中心建设,落实"最多跑一次"等相关要求,针对上门群众耐心做好释法说理和检察服务各项工作,进一步提升检察形象,防止因申诉接待不到位、释法说理不到位引发社会矛盾。

(四)彰显司法导向,引导群众依法表达诉求

一是要坚持在法治轨道内解决矛盾。要积极营造习近平总书记提出的"办事依法、遇事找法、解决问题用法、化解矛盾靠法"的社会氛围。对群众诉求合理、符合政策规定的,要解决到位;对诉求合情、

但没有政策依据的,要解释到位;对要求过高、难以解决的,要教育到位;对生活确有困难的,要建议救助到位;对少数固执己见、择机上访的,要稳控到位;对缠访闹访、非正常上访的,要依法处置到位。始终在法治轨道内化解矛盾,引导当事人以理性合法的方式表达利益诉求,防止矛盾激化和事态扩大。

二是要坚持不懈地深化阳光检察。按照"能公开的一律公开"的总体思路,遵循依法、便民、及时、规范、安全的原则,向社会公开重要案件的信息和法律文书。要以上门走访、定期举办座谈会、邀请定向视察等形式加强检察机关与人大代表、政协委员以及人民群众的沟通联络工作,进一步提高检察执法公信力。通过举办检察开放日、新闻通气会等活动,搭建"面对面""零距离"的沟通交流平台,保障人民群众对检察工作的知情权、参与权与监督权落到实处,不断加强和改进检察工作,提升检察工作的透明度。

三是要多措并举传播司法正能量。检察机关在化解社会矛盾的同时,要充分发挥检察微博、微信、官网等新媒体的作用,积极探索"互联网宣传+检察"的新媒体融合,以法治教育宣传、传统媒体宣传、新媒体宣传和简报信息宣传四轮驱动,及时发布检察动态,畅通群众诉求渠道。及时地通过生动的案例分析、微视频等手段将检察好声音和司法正能量传递给群众,使检察工作成为社会正能量的有力支撑,让人民群众以看得见的方式感受到公平正义和法治进步,潜移默化地激发自治、德治的内生动力,有效地化解一些潜在的社会矛盾。

【参考文献】

[1] 方新建,沈燕萍,张磊,等."枫桥经验"对检察机关参与社会管理的启示:以浙江省杭州市萧山区人民检察院的实践为切入点[J].人民检察,2011(19).

[2] 杭州市院课题组.新时代语境下"枫桥经验"的检察探索:以杭州检察实践为

样本[J].浙江省院检察调研,2018(6).

[3] 王延祥.检察环节化解社会矛盾工作研究[J].犯罪研究,2017(5).

[4] 卢跃东.构建"法治、德治、自治"基层社会治理模式[J].红旗文稿,2014(24).

[5] 赵辉.基于检察视野的社会矛盾化解[J].新东方,2013(6).

[6] 高锋志.加强以案释法 提升司法温度[N].检察日报,2018-08-10.

[7] 李丹,王欢,朱颖玉.嘉兴:把"三治融合"发源地打造成为全国示范地[N].嘉兴日报,2018-05-25.

【作者简介】

李元兴,桐乡市人民检察院检委会专职委员。

叶飞,男,1986年3月出生,毕业于东北财经大学汉语言文学专业,现任浙江省桐乡市人民检察院案件管理部主任、员额检察官。首届浙江省检察机关"十佳检察公文写作能手",2012年、2013年、2018年3次荣立个人三等功。

在检察办案中深化犯罪预防的实践与思考

陈 斌 沈 杰 冯昌波

摘 要：犯罪预防作为宏大的社会课题，需要全社会共同参与。司法机关作为打击刑事犯罪的主要力量，应切实担负起预防犯罪的主要责任。司法改革背景下，剥离反贪反渎业务的检察机关，如何在做好公诉、侦查监督等原有法律监督业务之外，重新探索定位职能范围是值得业界思考的课题。本文认为，犯罪预防作为宏大而不虚无的概念，理应成为检察机关核心业务拓展的重要方向之一。长期以来，检察机关在犯罪预防中的作用未得到充分发挥，存在对犯罪预防的重视和参与程度不够、形式和内容单一、效果有限、理论与实践脱节、犯罪预防工作与检察办案联系不紧密等问题。本文主要从检察办案、犯罪预防等相关概念出发，分析检察办案、法律监督与犯罪预防三者的关系，对实践中检察机关从事犯罪预防的可行性、必要性、犯罪预防现状和难点进行简要梳理，最后对检察办案中深化犯罪预防提出建议,包括明确犯罪预防在检察工作中的定位、结合检察办案深化预防、以法律监督促进犯罪预防、发挥办案人员犯罪预防主体作用等,以期为检察机关聚焦法律监督主业、拓展职能方向提供理论和实践参考。

关键词: 检察办案　犯罪预防　普法宣传　法律监督

一、概念界定

我国宪法对检察机关的定位是法律监督机关,基本职能包括刑事案件审查起诉、审查逮捕、侦查监督、执行监督、行政民事案件法律监督、公益诉讼等。检察权是法律监督权,检察机关的职能和职权都是通过检察办案来实现的。对于什么是检察办案,实践和理论界并无标准的划分。通常认为,除审查起诉、审查逮捕、民事行政检察之外的法律监督事项,也应归为办案范畴。针对检察机关办案和法律监督的区别,有学者提出:要通过构建案件化的工作机制,改变原本以办事为主的法律监督权力行使方式,进而规范和促进检察机关法律监督工作[1]。《浙江省检察机关案件类型暂行规定(2017版)》中详细罗列了检察机关办案的类型,包括普通类型和特别类型总共54种[2]。无论何种划分,检察办案具有的司法属性都是一致的,即裁判性、亲历性、担责性。因此,笔者认为,检察办案概念本身包含了法律监督案件的办理,检察机关法律监督也是在办案中得以实现的,通过办案和监督,推动国家治理法治化,实现控制犯罪和预防犯罪的根本目标。

---

[1] 吴真. 监督事项案件化研究[J]. 人民检察,2018(11).
[2] 针对什么是检察机关的办案问题,《浙江检察》2017年第12期中刊登了专文予以讨论,认为需要符合"亲历性、智力性、担责性"的工作内容均为检察办案。

广义的犯罪预防把与犯罪作斗争、控制犯罪发生的一切方法和手段均包括在内,使犯罪预防成为"包罗一切"的庞大理论和实践体系。犯罪预防包括一般预防和特殊预防,具体又分为观念预防、制度预防和技术预防等。根据手段不同,还可以分为法律预防、心理学预防、生物学预防、社会预防、情景预防、技术预防、综合预防等。从犯罪预防的实践看,一种包罗万象、缺乏实践内容的纯理论预防概念,不仅无助于建立具有可操作性的犯罪预防体系,而且在实践中势必导致预防活动方向的模糊性和范围的不确定性,从而难以保证犯罪预防活动真正发挥其应有的功能。[①] 因此实践中常见分类包括未成年人犯罪预防、职务犯罪预防、性犯罪预防等。

本文讨论的犯罪预防,是立足于检察职能的犯罪预防,是与检察办案、履行法律监督职能相结合的犯罪预防。检察机关作为法律监督机关,在办理案件过程中行使侦查监督、诉讼监督、行政民事诉讼监督和刑罚判决的执行监督等法律监督职能,针对暴露的社会问题,采取系列行之有效的监督和预防手段,如退回补充侦查、纠正违法、普法宣传、检察建议等,堵住社会管理漏洞,达到预防犯罪的效果。

二、检察办案中深化犯罪预防的
必要性与可行性分析

(一)检察办案中深化犯罪预防的必要性分析

首先,检察办案中深化犯罪预防是实现刑法根本目的的需要。预防犯罪是刑事立法的根本目的,检察机关是刑法的适用机关。对

---

① 董士昙,刘琪.犯罪预防理论与实践[J].江苏警官学院学报,2005(3).

于刑事案件来说,无论是公安、检察还是法院,通过办案最终让犯罪分子受到刑罚来打击犯罪只是一种手段行为,根本目的是有效地预防犯罪。刑罚的目的包括报应和犯罪预防,刑罚通过制定、适用与执行,对犯罪人本人及周围一般人产生影响,从而达到预防犯罪的结果。① 刑罚作为权利最后的保障,是预防犯罪的重要手段。检察机关作为预防和惩治犯罪的司法机关,是犯罪防治的核心力量。检察机关不仅要负责对刑事案件的公诉,还要对刑事案件的侦查和审判实行法律监督。对于刑罚的适用者检察机关而言,"打防结合,预防为主"也是刑法适用中应秉持的理念。检察职能中对刑罚适用和执行的监督,也都是为了更好地达成刑罚预防犯罪目的。

其次,检察办案中深化犯罪预防是实现"精准预防"的需要。如前所述,犯罪预防作为包罗万象的宏大概念,在实践中存在"胡子眉毛一把抓""预防是个筐,啥都往里装"等现象,凡是能与犯罪预防挂钩的举措都可以归类为犯罪预防,犯罪预防工作做了不少而实际效果有限,名誉不佳②。在检察办案中深化犯罪预防,就能有效框定犯罪预防的对象、手段、程序等,精准预防。同时避免形式主义的空洞无物、漫无目的的预防宣传,防止"大海捞针""摊大饼式"无效的普法活动,节约社会资源,提高司法效率。精准预防要求各单位各部门立足自身职能,在犯罪预防工作中发挥更精准的作用。办案正是检察机关立足公诉、侦监、刑事执行检察等职能,深入挖掘刑事案件背后的原因,有针对性地开展法律监督和普法宣传,实现精准预防的有效途径。

最后,检察办案中深化犯罪预防是司法改革的需要。司法改革

---

① 张明楷.刑法学[M].北京:法律出版社,2011:459.
② 如有的学者和基层办案人员就认为犯罪预防就是"假大空"工程,玩概念,毫无实际意义可言。

背景下,剥离反贪反渎业务的检察机关,如何在做好公诉、侦查监督等原有法律监督业务之外探索定位职能范围是值得思考的课题。检察机关作为司法机关,在办理刑事案件的同时,在办案中发现问题,有针对性地开展检察建议、法制宣传和社会帮教活动,将活生生的真实案例加工成情景剧、微电影等多种形式,送法进学校、进社区、进单位,与工商税务、质量监督、环保等行政执法部门建立联合预防机制,完善预防措施,达到预防犯罪的目的。检察机关依托办案参与犯罪预防,既有助于减少不安定因素,又能够卓有成效地提高社会整体的防控能力。司法改革背景下,犯罪预防可通过检察办案和法律监督完成具体化,理应成为检察机关核心业务拓展方向之一。

(二) 检察办案中深化犯罪预防的可行性分析

首先,检察机关具备参与犯罪预防的优势。对于检察机关如何参与犯罪预防,理论和实践均少有提及,实践中专门预防部门如预防腐败机构也是在检察机关成立多年之后才设立的内设机构,其职责也仅仅局限为职务犯罪预防。对于一般犯罪的预防,则是在包罗一切的"大预防"理念指导下的综合预防体系,如成立了全国性的社会治理机构(综治办)统一策划指导,由行政、司法等多部门共同参与。本文认为,犯罪预防的系统性、广泛参与性是必要的,也取得了卓越成效,但在司法改革背景下,犯罪预防应从全面预防向精准预防转型。检察机关不同于公安和法院,公安机关承担的职责中,刑事案件的办理并非主要职能,还包括治安案件、安保巡逻等。法院审判的案件中,相比较于庞大的民事案件数量,刑事案件只占据很小部分。[1]

---

[1] 以浙江省法院为例,全省各级法院 2018 年 1—6 月份共受理各类一审案件 452 235 件,其中刑事案件 34 693 件,民商案件 410 332 件,行政案件 7 210 件,刑事案件占全部案件的 7.67%。数据来源于浙江法院数据公开网。

剥离反贪反渎业务的检察院，刑事案件在全部业务比重中占到了90%以上。无论是从人员配备、内设机构、办案数量来看，刑事案件都是检察机关工作内容的重中之重。检察机关在办理刑事案件中接触到的不仅有特殊预防对象——犯罪嫌疑人，更有一般预防对象包括潜在犯罪人、被害人等。检察机关是专门的刑事犯罪处理机构，与犯罪控制有着密切的联系，理应在犯罪预防中承担更多的责任，发挥更重要的作用。

其次，检察办案为犯罪预防提供对策来源。每一起刑事案件的发生，都有着复杂的背景原因，为制定个案预防策略提供了丰富素材。犯罪由多种不同因素造成，如经济状况、家庭结构、人格、环境、智商、教育程度、思维模式、个人经历等，均影响犯罪行为的产生。相对于立法机关和行政机关的制定法律、政令所具有的前瞻性，检察机关在办案中发现的诸多隐患堆积于社会神经末梢，带有滞后性，因而更能够反映法律、政策在实施过程中的偏颇。检察办案不仅要以事实为依据、以法律为准绳严格依法办案，还要深入分析每一个刑事案件发生的社会原因、反映的社会问题，有针对性地提出解决方案，对社会综合管理查缺补漏。检察办案为预防方案的制定提供了丰富素材和依据。即便是简单的盗窃案，也能根据案情提供的素材找到预防方案。例如，桐乡市检察院办理的一起盗窃案中，嫌疑人年过60周岁，劳动能力丧失，身患多种疾病，为生活所迫而多次盗窃。承办检察官在了解到嫌疑人盗窃原因后，立即与当地社区居委会取得联系，对其有条件实施救助，并由社区督促其子女履行赡养义务，杜绝其再次犯罪。本案正是检察机关依托办案，深入发掘案件背后原因，制定预防方案实现精准预防的实践尝试。

最后，司法责任制改革为员额检察官参与犯罪预防提供动力。以往检察办案审批制模式下，案多人少是常态，办案人员也仅以完成审查起诉等办案流程为目标。司法改革背景下,"谁办案谁负责""案件责任终身制"逐渐成为理论和实践部门的共识。而办案效果决定了检察官办案质量,也取决于犯罪预防工作,这就在很大程度上激励检察官以各种形式参与到犯罪预防中来。对检察机关刑事案件的办理来说,案结事了并不是简单的移送起诉和审判判决,还要做到"法律效果、政治效果和社会效果"3个效果统一,也就是要达到一般预防和特殊预防的目的。司法改革背景下,员额检察官对所办的案件"终身负责制",就要杜绝机械化办案,更加注重办案效果,根据不同案件发生的背景,深入分析发生的原因,针对社会问题提出解决对策,防范隐患。

三、犯罪预防在检察机关的现状和难点

犯罪预防作为宏大的社会课题,目前理论和实践层面受关注较多的包括未成年人犯罪预防、职务犯罪预防等。立法层面,1999年通过审议的《中华人民共和国预防未成年人犯罪法》,详细列明了司法机关在未成年人犯罪预防中应承担的职责和义务。而针对职务犯罪预防,国家层面未曾出台专门的"反腐败法",省级层面的"预防职务犯罪工作条例"颇多,其中提出了检察机关在职务犯罪预防方面诸多规范化举措。随着国家监察体制改革,检察机关在职务犯罪预防中的职权移交到监察机关,检察机关原有的职务犯罪预防职权和规范,都已失去现实约束力,仅有宣示和参考价值。除了职务犯罪之外,针对特定领域犯罪如性犯罪,国内外理论和实践界也有大量研究和预防实例。[①] 由此可以看出,无论是理论还是实践,国内还是国外,对特

[①] 如《政法论坛》2017年第3期田刚《性犯罪人再次犯罪预防机制——基于性犯罪记录本土化建构的思考》中提到建立性犯罪行为记录制度、化学阉割等。

定领域犯罪预防的重视程度都是一致的。但对特定行业、领域外的其他犯罪的预防,检察机关没有形成统一认识,存在较大扩展空间。

目前,检察预防工作所面临的难点主要包括:

首先,存在认识误区,重视程度不够。理论与实践中对犯罪预防存在的误区包括"犯罪预防无用论","犯罪预防无非就是扩大宣传","宣传是政宣部门的主要责任,与司法办案人员无关","不应让法官检察官上街宣传,否则司法机关成为行政机构附庸"等。长期以来,无论是一般犯罪预防甚至是职务犯罪预防,在检察机关内部都未得到足够的重视。加上检察机关办案部门"案多人少"的矛盾,"就案办案"思维在一定程度上还将长期存在。犯罪预防工作区别于检察办案,属于检察机关的"边缘"业务。未能正确认识犯罪预防在实践中的表现形式,未能将检察办案、法律监督、犯罪预防三者有机结合,以普法宣传为主的犯罪预防路径在办案任务的重压下也难免流于形式。

其次,犯罪预防实践与理论脱节。由于基层检察机关"案多人少",办案时间紧,任务重,压力大,加上有的办案人员缺乏理论素养的锻炼,所以检察机关未能正确认识犯罪预防在实践中的表现形式,仅以简单的办案为任务为目标。很多学者对检察机关犯罪预防的阐述,也仅仅是从一般预防到特殊预防的理论总结,未能有针对性地具体部门具体分析。如还是沿袭包罗一切的犯罪预防概念,学术成果难以有效指导犯罪预防实践,尤其是在检察工作中更是如此。而有的在检察办案实践中证明效果较好的经验做法,又未能被理论界有效地重视和提炼,犯罪预防的理论与实践有较大程度的脱节。

再次,犯罪预防手段单一,效果不佳。如前所述,在"谁执法,谁普法"的普法责任制实施之前,犯罪预防工作以司法行政部门如司法局牵头,以社区矫正、普法宣传等手段为主。犯罪预防对于检察机关而言仍然是新事物,预防手段也仅仅是以扩大宣传为主,普法宣传又以政宣部门的文字、图片通稿为主。犯罪预防工作未能与办案相结合,也失去了发力点和落脚点。"就案办案"的思维又必然导致犯罪预防手段受限,效果不佳。办案中发现问题后与相关职能部门衔接工作不及时不充分,法律监督形式单一,无法形成预防合力。这种以完成任务为目标,不与检察办案相结合的预防方式,也导致检察机关犯罪预防的参与动力不足。仅由政宣部门选取的经典案例,或者以宣传信息上报,没有深入基层部门了解基层法律需求及宣传的效果,加上缺乏办案人员的参与,精准普法的效果也大打折扣。

最后,犯罪预防主体不明,责任不清。犯罪预防概念的宏大性和其包罗的内容广泛性,决定了它是一项系统性工程,不是仅靠某一个司法机关就能完成的,需要全社会共同参与。而正是由于这种特性,导致犯罪预防工作存在多龙治水、多头管理,缺乏统一标准和流程等弊端。具体到检察机关的犯罪预防,随着"谁执法,谁普法"观念的普及,检察机关除办案外,积极履行普法宣传义务日益成为检察机关参与犯罪预防的普遍常态。但在宣传途径上,还是沿袭过去的以政宣部门牵头,采用以新闻宣传方式为主的宣传手段。在自媒体发达的今天,信息获取方式已经多样化,简单的对案件事实真相的报道已失去了吸睛优势。进一步改进精准预防的普法方式,就要建立以办案人员为主体的犯罪预防模式,确立犯罪预防的主体责任。

四、检察工作中深化犯罪预防的建议

(一) 转变检察办案观念,明确犯罪预防定位

首先,转变理念,认识到犯罪预防在检察工作中的重要意义。随

着"谁执法,谁普法"普法责任制的逐步深入开展,检察机关在普法预防中的作用也日益凸显。作为司法机关,检察机关对于精准普法有义不容辞的责任,也有着无可替代的优势。要破除"就案办案"思维,做好检察办案的"后半篇"文章,将犯罪预防摆到检察工作的突出位置。强化检察机关犯罪预防职能,成立专门的犯罪预防部门,引导办案人员"下基层,走出去"实现精准普法。

(二) 厘清犯罪预防与法律监督、检察办案的关系

转变"犯罪预防就是简单的法制宣传"的理念,认识到犯罪预防包含对犯罪进行各种控制的方式,内涵要远远大于普法宣传,要将检察办案与犯罪预防深入结合。厘清检察机关履行法律监督的职责和目的,在检察办案中发掘风险隐患和法律监督线索,从源头上防范刑事风险。认识到法律监督、犯罪预防和检察办案三者密不可分的关系,树立在办案中监督,在监督中预防的理念。

(三) 在实践中总结犯罪预防经验,提炼犯罪预防理论

随着近年来普法责任制的深入落实,检察机关在犯罪预防的普法工作中进行了一系列的有益尝试,积累了丰富的经验,也面临新的挑战。理论来源于实践,又用于指导实践。检察办案是直面犯罪行为的工作,有着打击犯罪的丰富经验和预防犯罪的较大优势,应不断加以总结提炼。要加大对犯罪预防理论调研的重视力度,尤其是加大对犯罪预防与检察工作的关系研究力度,探索实行具有检察特色的犯罪预防路径。

1. 发挥检察办案人员的主体作用,全面预防

如前所述,现有的犯罪预防工作主体以政宣部门为主,办案部门配合。要改变这一现状,就需要扭转办案人员"就案办案"思维,树立

办案人员犯罪预防意识。每起刑事案件背后都隐藏着复杂的社会问题,等待着承办检察官去深挖,而能否在案件中挖掘出社会治理的良方,取决于承办人的办案经验、社会阅历、思想成熟度等。树立"犯罪预防也是检察办案"的理念,挖掘每起案件背后的原因,鼓励办案人员到重点行业领域以案释法,深入预防。在检察机关内部,要意识到犯罪预防不仅是宣传部门的事,媒体宣传只是犯罪预防宣传的有益补充。每起刑事案件的办理要经过提审嫌疑人、询问被害人、开庭等程序,更能直观体会到嫌疑人和被害人的处境,找出犯罪的替代方案。如果能够在宣传时将办案的"亲历性"感受以适当形式表达出来,就能成为一幕优秀的犯罪预防情景剧,其冲击力和教育效果就能得到最大化。探索建立精准普法"讲师团"制度,广泛吸纳有丰富办案经验的检察官加入普法队伍。如桐乡检察院蒲公英普法团队在原有的政宣部门基础上,扩充讲师团队伍,选调有丰富办案经验的检察官加入讲师团队。蒲公英普法团队自2012年成立以来,有20余名具有丰富办案经验的检察干警参与其中,到辖区内学校、社区、企业进行宣讲50余场次,受众人数近万人。

2. 结合检察办案,实现精准预防

首先要严格依法办案,树立司法公信力。司法办案首要是公平公正,一份没有公信力的裁决,是得不到当事人尊重的,也达不到任何惩罚或教育或预防的目的。对于公检法任何办案部门来说,犯罪预防都不仅仅是普法宣传。或者说,对于司法机关而言,公平公正办案本身就是最好的普法宣传。因此,以事实为依据、以法律为准绳,办好每一起司法案件,为社会树立公平正义的司法公信力,是预防犯罪的首要任务。

其次要重视案例作用,以案释法。检察办案不仅是对案件机械化的程序化处理,还要关注案件中的社会矛盾焦点、痛点等。每一起刑事案件都暗含着悬而未决的社会问题,办案人员要分析案发的深层次原因,在职权范围内引导相关单位建章立制,消除隐患,预防风险。案例是实践中发生的鲜活的法治教材,是最好的法治教科书。充分发挥案例作用,就要求办案人员有针对性地对每一起刑事案件背后的当事人,包括被害人、嫌疑人、当事人家属进行必要的以案释法,深入化解矛盾纠纷,预防"二次灾害"。

再次,以办案为依托,丰富预防手段。这就要求检察机关在犯罪预防手段上不断总结,推陈出新,宣传形式不局限于案件通报。转变实践中犯罪预防以文字、图片、视频等普法宣传为主的形式,以办案为依托构建新型犯罪预防体系,在具体的案件中制定犯罪预防方案,实现个案预防、精准预防。针对重点领域的犯罪预防,也可以考虑借鉴职务犯罪预防相关经验,推广运用到每一起刑事案件中。如桐乡检察院在办理的一起非法吸收公众存款案中,针对互联网金融创新迅猛发展带来的非法集资新问题,采用"致市民的一封信"等新形式对市民进行普法宣传,取得了良好效果。

最后,改进办案方式,实现预防效果最大化。建议在《全国检察业务统一应用系统》中,针对每一起案件建立预防档案卡,填写具体犯罪预防建议和落实情况,实现个案预防、精准预防。另外,除了关注案件案情法律定性之外,检察官还可以根据案情和办案效果需要调整案件办理方式,以期达到最大化的社会效果。如在办理未和解的故意伤害案件中,就要从细节上做起,确保平等对待双方当事人,避免出现猜忌和矛盾激化。在办理交通肇事案件中,除定罪量刑外,还要主动找到案发的客观原因,联合交通管理部门对事发路段进行安全评估,建立犯罪预防长效机制,等等。

3. 形成合力,以法律监督促进犯罪预防

司法改革背景下,检察机关剥离反腐败职能,逐渐聚焦到法律监督主业。检察机关要在履行法律监督职责的同时,找准发力点,以监督促预防。新形势下,犯罪预防工作更需要多部门和公众的广泛参与,形成预防合力。对于刑事案件来说,就是要联合侦查机关、审判机关的合力,努力让人民群众在每起案件的侦查、审判中都感受到公平正义。作为侦查监督部门,规范侦查机关的侦查行为、促进公平执法本身就是化解社会矛盾、预防犯罪的有效手段。而对于民事行政案件来说,为了解决监督线索瓶颈、深化法律监督,畅通面向群众收集违法线索的渠道,也需要公众部门的广泛参与。法律监督并不是"找茬",而是要在被监督机构的有效参与下形成依法行政、公正司法的合力。在特定领域,行政执法部门也希望在检察机关的参与下有效开展行业规范,促使其依法行政的同时预防犯罪,达到社会效果的共赢。例如,桐乡市检察院办理的一起羊毛衫假冒伪劣产品案中,针对羊毛衫服装行业实际成分与标注不符的市场乱象频发,而能否认定为伪劣产品、何为为生产伪劣产品提供便利条件等事实认定实践中存在异议的情况,因涉及市场监督管理局、质量技术监督局、羊毛衫市场管理委员会、羊毛衫市场品牌代理商等多个部门和单位,承办检察官在办理该案过程中,采用走访调研、召开听证会、诉前会议等形式听取各方意见,在起诉后,向主管质量单位部门发出《检察建议》,相关职能部门收到建议后积极出台相应举措。如电商行业协会以出台规范文件、开展讲座等方式对本土电商行业加强自律,形成了以法治促进德治、自治的良好循环,实现了特定领域犯罪预防的目标。

结　　语

党的十九大指出要打造共建共治共享的社会治理格局。犯罪预防是一项宏大的系统工程,事关国家长治久安,是社会治理的重中之重。检察机关作为法律监督机关,除了承担惩治犯罪的司法职能,还在犯罪预防中起着至关重要的作用。检察机关有条件有优势通过办案发掘刑事案件背后的社会问题,强化法律监督,部门联动,实现精准预防。只有在检察办案中不断深入犯罪预防,才能将犯罪控制在萌芽状态,最大限度化解社会矛盾,促进社会和谐。司法改革背景下,检察机关要在办案中秉承以预防为主的指导理念,发挥自身优势,努力挖掘犯罪预防潜能,开辟检察工作新篇章。

【作者简介】

陈斌,桐乡市人民检察院党组副书记、副检察长。

沈杰,桐乡市人民检察院濮院检察室主任。

冯昌波,男,1985年7月出生,中国政法大学法律硕士,现任桐乡市人民检察院濮院检察室副主任科员。承办刑事案件500余件,在《中国检察官》《公诉人》《上海政法学院学报》《民主与法制周刊》《民主与法制时报》等国家级和省级杂志报纸发表理论调研论文10余篇。

"三治建设"和"枫桥经验"的关系及发展

张利萍　方旭阳

摘　要："自治、法治、德治"作为桐乡市提出的基层治理经验在党的十九大报告中被提及，是桐乡在县域治理过程中给全国其他地方提供的一个样本。"枫桥经验"作为20世纪60年代绍兴诸暨地区在对"四类分子"改造过程中提出的社会治理经验，得到了毛泽东同志的肯定，经过几十年的发展，历久弥新。"三治建设"和"枫桥经验"都是基层社会治理的经验总结，笔者试图从两者的分析对比中，找到两者在发展历程、内在关系以及与检察实践关系之间的联系和区别。

关键词："三治建设"　"枫桥经验"　检察实践

在古代，"郡县治，则天下安"，乡村作为郡县的最基本单元，其治理水平的高低直接决定着郡县的社会稳定程度。乡村是社会利益冲突、社会矛盾产生的重要源头，也是协调利益关系和化解社会矛盾的关键环节,虽然我国正处在大踏步推进城市化的进程中,但我国的农民群体从古至今都是全世界最多的,乡村治理的好坏直接决定着乡村社会能否发展、繁荣和稳定,也决定着国家是否稳定。农村在建设过程中的土地问题、拆迁问题、邻里纠纷问题是时代发展中无法避免的矛盾,如何在乡村治理过程中寻找最有效的治理体系,化解农村社会矛盾,维护农村社会稳定,促进农村经济发展,我国一直在探索。而浙江作为勇立潮头的改革大省,一直有着自己的实践,从20世纪60年代诸暨农村实践的"枫桥经验",到21世纪初桐乡农村探索的"德治、法治、自治"的"三治建设",都是乡村治理体系的创新实践,都对乡村治理进行了卓有成效的探索,两者在概念、关系、发展中有何不同,又有何联系,检察实践又应如何与两者进行融合,正是本文讨论的主要内容。

一、"三治建设"的含义及发展

(一)"三治建设"的内涵及外延

"三治建设"是指以法治为保障、德治为引领、自治为核心的治理体系,"自治为本、法治为要、德治为基"是"三治建设"的精辟概括。"三治建设"是以党建为引领、以人民为中心、以善治为目标、以预防为基点,以村规民约(社区公约)、百姓议事会、乡贤参事会和百事服务团、法律服务团、道德评判团为主要抓手的一系列治理策略。自治是基层社会治理的基础和目标,法治是自治、德治的边界和保障,德治是自治、法治的促进和补充,通过不断健全基层群众自治机制、城乡社区服务机制、"三社联动"机制完善自治建设;通过健全依法行政机制、普法守法机制、法律服务机制完善法治建设;通过以评立德机制、以文养德机制、以规促德机制完善德治建设。

(二)"三治建设"的提出背景

"三治建设"的提出有其所处的时代背景。当代中国农村社会尤其是江浙一带的农村地区,经过40年的改革开放发展,农民经济收入显著增长,新农村建设如火如荼,农民的法治意识不断增强,但几千年来的小农思维依然根深蒂固,农民的文化素养仍然不高,以自我为中心的小农意识仍有残留。这些特点在新时期农村城市化过程中,遇到土地问题、征迁问题、邻里问题时就愈发凸显出其不良性,而农民多数信"老娘舅"不信法,因此"三治建设"就有了其生存发展的空间。许多通过法律界定、道德教化难以化解的矛盾,通过乡贤的一番说理、村内约定的土办法却迎刃而解,这就产生了"三治建设"的萌芽。

(三)发展历程

"三治建设"始于2013年桐乡市高桥镇的实践。2013年,"三治"分别在桐乡3个镇开展试点工作,"德治"在高桥镇试点,"法治"在濮院镇试点,"自治"在梧桐镇试点。在试点过程中干部们发现分开试点无法达到预期效果,反而适得其反。经过数次论证,市委决定将高桥镇作为"三治合一"的重点试点镇。原因是当时高桥镇位于城乡接合部,又因修建高铁使得村民拆迁与补偿等问题突出,社会矛盾复杂,政府管理难度大,选取该镇有代表性。

高桥镇被列为重点试点镇后,尝试建立起了"百姓参政团""法律服务团""道德评判团"这3个基本的团体机制,一一对应"自治""法治""德治"3个方向建设。经过4年的建设,"三治建设"逐渐成熟。① 镇级层面成立百姓参政团,充分保障相关人在重大问题上的知情权、参与权、表达权,共同推进重大事项,从全镇甄选12名代表作为固定成员,10—20名直接利益相关者作为非固定成员,并邀请专业律师担任法律顾问。② 在村级层面成立道德评判团,将法律法规难以处理、村规民约不好管的现象交由大众进行评判,道德评判团由行政村村支书担任协调人,团内有10—15名村民模范代表,通过公众舆论、监督评议、反馈民意等表达村民呼声,化解村民矛盾,协调事宜。③ 在村级层面建立村级百事服务团,整合村内各种志愿者队伍,在村委会设立工作室,负责协调联络,为百姓的各种需求提供即时回应,获得了村民的好评。

经过5年的发展,2018年党的十九大报告中"加强农村基层基础工作,健全自治、法治、德治相结合的乡村治理体系"的重要论述,标志着桐乡的"三治建设"获得了中央的肯定。面对新时代社会矛盾发展的新特点,"三治建设"又向"三治融合"进一步发展,通过将自治、法治、德治三者融合,合力增效,共同构筑社会善治的"三角架",通过进一步探索新的治理机制,采用"互联网+"的新技术,深化理论研究的新成果,将"三治融合"推向更符合乡村、社区治理需求的新高度。

二、"枫桥经验"的含义及发展

(一)"枫桥经验"的内涵及外延

"枫桥经验""诞生于20世纪60年代的浙江省诸暨市枫桥镇,指的是一种以社会综合治理为手段,依靠群众广泛参与,化解基层矛盾,维护农村稳定的基层治理经验"。"枫桥经验"在诞生之处是以"汇报材料"或"发言稿"等形式出现的,没有一个完整的概念界定,其在1963年创造之处,被概括为"发动和依靠群众,坚持矛盾不上交,就地解决,实现捕人少,治安好"。毛泽东同志亲自批示"要各地仿效,经过试点,推广去做"。"枫桥经验"的内涵随着时代的变化而与时俱进,但究其实质,就是相信和依靠群众,发挥群众自治优势,就地解决矛盾。"枫桥经验"在农村社会主义改造、改革开放初期帮教改造违法犯罪人员、改革开放之后依靠群众化解社会矛盾都发挥了极大作用,逐渐达到"小事不出村,大事不出镇,矛盾不上交,就地解决"的目的。

（二）"枫桥经验"的提出背景

"枫桥经验"最早于1963年提出,当时是"社会主义教育运动"的产物,起源于对"四类分子"（地、富、反、坏分子）改造的试点。在当时激进的政治运动中,一些地方对"四类分子"的改造过分激烈,出现了乱捕、乱杀的暴力倾向。当时中央虽有所察觉,但真正提出"一个不杀、大部不捕"、采取说理斗争的方式"教服""四类分子"的做法却只有枫桥地区在实施。公安部向毛泽东同志汇报了枫桥地区的这一做法后,他非常感兴趣,精辟地概括出"枫桥经验"的优势就是"矛盾不上交,就地解决",他指示"对地、富、反、坏分子的监督、教育、改造工作,应通过群众来做。从诸暨的经验看,群众起来以后,做得并不比你们差,你们不要忘记发动群众,群众工作做好了,可以减少反革命案件,减少刑事犯罪案件"。当年,浙江经过调研总结,形成了《诸暨县枫桥区社会主义教育运动中开展对敌斗争经验》;1964年初,中共中央发出了《关于依靠群众力量,加强人民民主专政,把绝大多数四类分子改造成为新人的指示》,并转发了"枫桥经验"。

（三）"枫桥经验"的发展历程

"枫桥经验"从诞生至今历经半个多世纪,但一直充满着活力,其抓住时代的特点,与时俱进,契合当时社会治理的新要求、新特点,形成了数次"转型发展"。20世纪60年代"枫桥经验"的主战场是对"四类分子"的改造,通过群众的力量,将阶级斗争的矛盾通过群众自治的手段进行处理,避免改造过程中出现流血事件。

改革开放初期,全国全党的工作重心从阶级斗争转移到经济建设上来,新的社会治理问题随着时代的发展不断变化,我国遇到了"文革"后的第一个犯罪高峰,刑事案件和各类治安问题大幅上升。在新的历史条件下,有着改造人和教育人成功经验的"枫桥经验"再次展现出其生命力,创造了帮教改造违法犯罪人员的一整套制度和方法;以公社为单位的三级调解组织迅速建立起来,农村治保会得以健全,在对犯罪分子狠抓严打的同时,防范、建设、管理、改造等综合治理机制和体系逐步建立。坚持"不推一把拉一把,不帮一时帮一世"的原则,绝大部分刑满释放人员能够自力更生,有些更是成为企业主、村书记。

随着改革开放的不断深入,外来务工人员纷纷涌入,新的社会管理问题不断凸显,"枫桥经验"再次发挥其作用,为外来务工人员推出新的管理模式,统一为外来员工解决住房和子女入学等问题;在村、社区、一些重点企业建立调解组织,为化解社会矛盾提供直接帮助。半个世纪以来,"枫桥经验"紧紧抓住"依靠群众化解社会矛盾"这一主线,以"小事不出村,大事不出镇,矛盾不上交,就地解决"为目标,不断扩展和丰富自身的历史与时代内涵。

2003年和2013年,习近平同志在担任浙江省委书记、中共中央总书记后两次强调要坚持和发展"枫桥经验",充分珍惜"枫桥经验",大力推广"枫桥经验",不断创新"枫桥经验"。要发扬优良作风,适应时代要求,创新群众工作方法,善于运用法治思维和法治方式解决涉及群众切身利益的矛盾与问题,把"枫桥经验"坚持好、发展好,把党的群众路线坚持好、贯彻好。

三、"三治建设"和"枫桥经验"联系与区别

(一)"三治建设"和"枫桥经验"是内在有机统一的

1. "三治建设"和"枫桥经验"的本质都是相同的

两者都是发挥人民群众的自治性,由人民群众智慧产生的,用于化解人民群众内部矛盾的社会治理经验。"三治建设"和"枫桥经验"都是来自基层的创新,本质都是坚持党的领导,以人民为中心,依靠和发动群众;目的都是化解人民内部矛盾,维护农村社会稳定;基本路径都是通过创新社会互助组织,建立健全各类调解机制,通过综合运用纠纷解决的多元手段进行矛盾化解处置。

2. "三治建设"和"枫桥经验"是一脉相承的

"三治建设"和"枫桥经验"起源于不同的时代,孕育于不同的地点,诞生于不同的历史背景条件下,但两者是一脉相承的。中国共产党第十九次代表大会把"三治"写入报告,中央政法委把"三治"定位为新时代"枫桥经验"的精髓,是新时代基层社会治理创新的发展方向。可以说"三治"的理念是源于"枫桥经验",又经过本地化的探索而形成的,两者之间具有时间的延续性、内容的连贯性、目的的统一性。

3. "三治建设"和"枫桥经验"是互为补充的

"三治建设"和"枫桥经验"在本质相同、内容相承的统一性基础上,又各自互为补充。"枫桥经验"强调的是一种系统化的理念,采用人民矛盾人民内部解决的思路,为其他纠纷解决机制定调;"三治建

设"则从3个重要方面对"枫桥经验"进行统筹布局,可以说两者各有侧重,又相互依存。

(二)"三治建设"和"枫桥经验"是相互区别的

1. "三治建设"更加具化,而"枫桥经验"则没有一个具体的概念

"三治建设"将创新社会治理的系统工程从3个方面展开,分为"自治""法治""德治",每个"治"的背后又有一整套动作进行支撑。"自治"强调发挥其在社会治理中的基础作用,通过引导基层群众组织、社会组织、各行各业和公民个人进行自我管理、自我教育、自我服务,有序参与社会事务。"法治"注重发挥其在社会治理中的保障作用,通过运用法治理念、法治思维和法治方式解决改革发展中遇到的问题。"德治"注重其在社会治理中的引领作用,增强道德在规范社会行为、调节利益关系、解决社会问题、协调社会关系中的示范作用。

2. "三治建设"更加系统,而"枫桥经验"则缺少系统的内容支撑

"三治建设"的"自治""法治""德治"3个方面相辅相成,形成了一个有机的统一整体。自治是基层社会治理的基础和目标,法治是自治、德治的边界和保障,德治是自治、法治的促进和补充。上述3个方面缺一不可,每个方面都为另外两个方面提供支撑,每个方面又必须与另外两个方面协同才能发挥作用。

3. "三治建设"更加完整,"枫桥经验"则相对比较笼统

"三治建设"是一套相对完整的基层社会治理机制,抓住了基层社会治理中最关键的3个发力点,通过群众自治、法治保障、道德引领3个维度,为化解社会矛盾、维护社会稳定提供了完整的解决方案,并经过实践检验,具有可操作性,取得了良好效果。

四、新时代"三治建设"和"枫桥经验"的发展及启示

(一)"三治建设"和"枫桥经验"的新发展

"三治建设"和"枫桥经验"都不是封闭、故步自封的,两者都随着时代发展而内涵不断丰富,形式不断多样,技术不断升级,尤其是党的十九大以来,两者都获得了新的发展。"三治建设"已被写入十九大报告,进入新时代后"三治建设"不断融合发展,探索建立了三治新机制,自治方面全面推进以百姓议事会为重点的基层协商民主以及以乡贤参事会为补充的群众自治机制;法治方面全面推进法律顾问制度,健全完善市、镇街、村社三级公共法律服务网络;德治方面建立完善市、镇街、村社道德评议机构等一系列机制创新。

"枫桥经验"在新时代也继续迸发出新的生机和活力,其从单一调解机制向多元化解升级,坚持传统方法和现代方式、基层组织和多元力量"两个并重",建立有机衔接、协调联动、高效便捷的矛盾纠纷多元化解机制。

同时,通过开展灵活多样的城乡社区协商民主,发挥村规民约、社区公约的自治自管作用。由条块分割管理向乡镇街道形成综治工作、市场监管、综合执法、便民服务"四个平台"治理升级。推进全科网格建设,开展标准化治理,提供人性化服务。

随着技术手段的升级,开始构建"互联网+社会治理"新模式,推动传统治理向智慧治理转型升级,全面提升社会治理效能。"三治建设"和"枫桥经验"在新时代的发展过程中,都由单一向多元转变,并借助科技的进步,从过去的群防群治向共建共治共享不断升级。

(二)"三治建设"和"枫桥经验"的启示

"枫桥经验"经过半个多世纪的时间仍然历久弥新,焕发出勃勃生机,"三治建设"在发展过程中不断充实,越发丰富,两者显示出强大的生命力,有其内在的因素。

1. 两者都始终坚持党的领导

党的领导是人民当家作主和依法治国的根本保证,也是社会治理创新坚持正确方向的根本保证。无论是"枫桥经验"的发展,还是"三治建设"的实践,在政策举措出台时和具体创新实践中,自始至终都是在当地党委、政府的坚强领导和支持下推进的,这也保证了两者能够始终在正确的方向上前进。

2. 两者都始终坚持人民当家作主

"发动群众、依靠群众"是两者的精髓,也是两者共通之处。无论是在"三治建设"还是在"枫桥经验"的发展过程中,我们都不难发现,广泛动员和组织群众参与社会治理,调动社会主体多方参与、共同治理,坚持人民群众的主体地位,是两者的最本质属性。如"三治建设"中百姓参政团、道德评判团和百事服务团的成立,搭建了基层群众参与重大决策、公共事务的平台,并以制度的形式固化,形成了"大事一起干,好坏大家判,事事有人管"的基层社会治理生动局面。

3. 两者都始终坚持问题导向

"枫桥经验"诞生于对"四类分子"的改造过程中,并随着社会矛盾的转化而与时俱进;"三治建设"中法治、德治、自治各自的实践经验都不少,但把三者结合起来,按照"三治"并举的理念协同推进,却是在三者的实践过程中经过问题的碰撞而得出的宝贵经验。因此无论是"三治建设"还是"枫桥经验"都是以问题为导向,为解决社会治理过程中遇到的难题而逐步形成的。

4. 两者都始终坚持继承和创新

"三治建设"和"枫桥经验"本身就是一种继承和创新的关系,同时两者在各自的发展路径上又延续着之前的有效做法,自身也不断创新。从纠纷解决一元机制到纠纷解决多元机制,从单靠群众自治到社会各个团体共同参与,之前通过实践创造并在实践中已经证明了的、确实行之有效的方式方法和典型经验都被继承与发扬,如网格化管理、组团式服务、矛盾纠纷联调机制、基层应急处置机制、社会管理服务中心建设等许多成功做法并没有被抛弃,而是被不断地增加新的内涵。

(三)检察实践与"三治建设""枫桥经验"的关系

检察实践与"三治建设""枫桥经验"是具有天然联系的。"枫桥经验"的发端就是为了实现"捕人少,治安好","三治建设"是为化解社会矛盾,更好地进行基层社会治理,而检察实践中惩治犯罪、法律宣传、刑事和解等都与上述两者天然契合,检察实践丰富了"三治建设""枫桥经验"的内涵,为两者提供了社会治理的有益模板。

1. 通过检察实践,践行"以人民为中心"的执政理念

检察工作说到底是人民的工作,是为了解决群众关心的问题,惩治危害群众合法权益的违法犯罪行为而存在的。检察工作的整体工作框架就是惩治犯罪、维护社会安全稳定,进行法律监督,保障司法的公平公正。在积极履职的过程中,检察工作又围绕中心工作,服务大局,积极回应群众关切,如围绕"剿灭劣 V 类水""一打三整治"、食品药品安全、互联网金融治理等中心工作,进行立案监督、公益诉讼,发挥了依法惩治犯罪、维护群众切身权益的重要作用。

2. 通过检察实践,提供完善城乡基层社会治理的建议

检察工作在开展过程中,检察人员通过一桩桩、一件件案件的办

理,对某一类案件进行梳理,发现其中存在的共性问题,找到社会治理体系中存在的漏洞,进而提出预防类案发生的措施,通过检察建议的形式发送给相关单位和部门。

坚持"党委中心工作推进到哪里,检察工作就服务保障到哪里"的工作理念,服务城乡基层社会治理更精准,以法治方式助推社会治理。如通过开展农村基层领域职务犯罪查办工作,发现乡村基层政权管理上的漏洞,提出治理建议,完善乡村治理机制;通过查办大规模的非法吸收公众存款案件,提出完善金融监管的措施等种种举措。

3. 通过检察实践,修复社会关系,化解社会矛盾

检察工作在实践过程中,并非停留于就案办案,而是积极参与化解社会矛盾,修复破损的社会关系,践行"案结、事了、人和"的 3 个效果统一。检察机关的刑事和解工作,有效化解涉案当事人双方的矛盾,避免树立过多的社会对立面。同时检察机关在实践过程中,积极创新,在办案中大胆引入第三方提供资金担保,适用于刑事和解不起诉,建立公益担保基金,并使之制度化、常态化。

检察批捕环节的公开审查,也是修复社会关系、化解社会矛盾的有力举措,通过广泛听取各方面不同意见,既保障犯罪嫌疑人合法权益,又开诚布公,消除双方信息不对等的错觉,使双方对捕或不捕的结论做出都更信服。

4. 通过检察实践,精准普法预防犯罪

检察工作的开展过程也是精准普法的过程,检察官通过亲自参与案件办理、以案说法使大众获得最深切的体会,这既是对双方当事人的普法,也是对广大群众的教育。如通过办理各类保健品、医疗产品、收藏品等诈骗案件,梳理出大部分被侵害对象都是社区的年长人士,他们有一定的积蓄,又对自身健康等非常在意,自我防范意识也不强,极易成为被侵害的对象。在办案之余,进社区、入村庄对诈骗

犯罪、交通肇事类犯罪进行宣传,能够起到很好的预防效果。

检察机关同样也自觉服务保障非公经济发展,通过查办知识产权类、欠薪类犯罪案件,把握住企业容易发生的风险点,如侵犯他人知识产权、生产销售假冒伪劣产品、拖欠支付农民工工资等,通过设立民营企业法律风险防范服务站,进行案例解读和送法入工业园区,提高企业主的犯罪预防意识。

【作者简介】

张利萍,桐乡市人民检察院党组成员、纪检组组长。

方旭阳,男,1982年1月出生,宁波大学法学、英语语言文学双学位,现任桐乡市人民检察院检察委员会委员、侦查监督部主任。承办公诉、侦查监督案件300余件,2015年荣获嘉兴市"十佳优秀公诉人"称号。公开发表理论研究文章多篇,曾获浙江省人民检察院专题调研一等奖等。

实践篇

充分履行法律监督职能
全力助推深化"三治融合"桐乡经验

沈利强 钟 丽 张 棋

摘 要:近年来,在乡村社会治理中监督什么、怎样监督,服务什么、怎样服务,成为"三治融合"桐乡经验发源地的检察机关上下共同思考和深入探索的重要课题。要发挥法律监督职能,加强基层法治保障,助推基层治理有序;要落实检察环节普法责任制,提升基层法治素养,实现全民学法、尊法、守法;要注重与基层自治、德治相融合,实现检察机关与基层协商共治、协同推进,不断提高基层人民群众的获得感和满意度。

关键词:"三治融合" 桐乡经验 检察

乡村是我国最基本的治理单元。乡村治理是否有效,不仅决定乡村社会能否发展、繁荣和稳定,也体现国家治理整体水平的高低。党的十九大报告指出,加强农村基层基础工作,健全自治、法治、德治相结合的乡村治理体系。自治、法治、德治融合是桐乡市自2013年起进行的基层社会治理探索实践,被中央政法委定位为新时代"枫桥经验"的精髓、新时代基层社会治理创新的发展。源于桐乡的自治、法治、德治融合成为基层社会治理的桐乡经验。

"三治融合"桐乡经验是以"自治为目标,法治为保障,德治为基础",概括出来也就是"大事一起干,好坏大家判,事事有人管"。近年来,在乡村社会治理中监督什么、怎样监督,服务什么、怎样服务,成为"三治融合"桐乡经验发源地的检察机关上下共同思考和深入探索的重要课题。特别是2018年以来,桐乡市检察院组织人员通过走访、召开小型座谈会等方式,深入农村、深入基层了解基层在推进"三治融合"等乡村治理中对司法机关特别是检察机关的需求、所存在的难点与困难等。通过深入调查研究,我们对新时代检察机关如何转型发展、更好服务于乡村社会治理、助推乡村振兴战略,有了较深刻的认识。

一、检察机关推进"三治融合"的必要性研究

(一) 全面推进依法治国的基本要求

党的十九大报告强调:"全面依法治国是中国特色社会主义的本质要求和重要保障。""法者,天下之程式也,万事之仪表也"(《管子·明法解》),法律是治国之重器,法治是国家治理体系和治理能力的重要依托。经过长期努力,中国特色社会主义进入了新时代。中国社会主要矛盾已经转化为人民日益增长的美好生活需要和不平衡不充分的发展之间的矛盾,人民群众在民主、法治、公平、正义、安全、环境等方面有着更高的要求。习近平总书记在参加十三届全国人大一次会议广东代表团审议时强调,要创新社会治理体制,坚持在法治轨道上

统筹社会力量、平衡社会利益、调节社会关系、规范社会行为、化解社会矛盾,确保社会在深刻变革中既生机勃勃又井然有序。只有全面依法治国,推进乡村法治建设,才能解放和增强基层社会活力、促进社会公平正义、维护社会和谐稳定、确保党和国家的长治久安。

(二) 检察机关的定位要求

我国宪法明确规定,人民检察院是国家的法律监督机关,坚持这个宪法定位,运用法律监督职能,保障宪法法律实施,是人民检察机关的根本职责。2017年9月,习近平总书记在致第二十二届国际检察官联合会年会暨会员代表大会的贺信中再次深刻指出,中国检察机关是国家的法律监督机关,承担惩治和预防犯罪、对诉讼活动进行监督等职责。检察机关要牢牢把握宪法定位,不断强化法律监督主业,推进检察环节的基层社会治理工作,努力在乡村振兴战略中发挥好检察机关应有的作用。

(三) 基层社会治理中的现实要求

党的十九大报告指出,要打造共建共治共享的社会治理格局,社会治理的重心在基层。近年来,基层社会治理效果不佳的一些苗头性、倾向性问题有所显现,具体表现为:基层社会情绪日益政治化、个体事件容易发展为群体事件、法律事件容易发展为针对公共组织的事件[①]。这些问题制约着基层社会的稳定与发展。"三治融合"桐乡经验正是直面基层社会治理中出现的问题,突出了全民参与、多元协商治理,体现了源头治理、系统治理、综合治理、依法治理的理念,检察机关作为司法机关,有需要、有责任在深化"三治融合"桐乡经验过

---

① 张静. 中国基层社会治理难题[J]. 领导决策信息,2018(6).

程中提供检察样本、检察方案。

二、桐乡市检察院推进"三治融合"的探索与实践

近年来,桐乡市检察院坚持以问题为导向,依法履行好法律监督职责,加强检察环节预防和化解社会矛盾,积极参与乡村社会治理,这项工作获省检察院检察长贾宇"点赞"。

(一)植根桐乡基层社会发展需求,提供有效的法律服务

近年来,桐乡市检察院认真分析基层社会治理需求,将法治服务向基层倾斜,不断提升基层群众的法治素养,推动全民学法尊法守法。例如,桐乡市检察院建立了蒲公英精准普法团队,为基层群众提供"宣讲清单＋内容定制"的"你点我讲""1＋1"法律服务。在濮院毛衫创新园设立法律服务工作点,每月定期驻点服务,上门为园区内百余家小微企业提供法律宣传和法律咨询。2018年以来,结合"六场战役",收集整理了在出租房内刑事犯罪的典型案例,编制宣传手册,已向基层村、社区发放10 000册。与市教育局制定《关于组织开展"内衣规则"、"反校园欺凌"、"健康上网"三大主题的校园巡讲活动方案》,紧密结合学生身心特点精选案例,重点对农村和新居民中小学开展法律巡讲,全市共预约讲课学校40余所,其中农村和新居民中小学30余所,授课中小学生12 000余名。

(二)突出基层主体地位,注重群众参与

桐乡市检察院在司法办案中更多地发动和依靠群众,让基层组

织和群众参与到司法办案过程中。例如,桐乡市检察院对部分捕与不捕、诉与不诉存在较大分歧的案件,积极探索司法办案公开审查工作机制,邀请嫌疑人家属、所在村委会代表等人参与司法办案,公开听取他们的意见建议,增强司法办案的透明度,促进社会矛盾化解,提升司法办案效果。在办理冯某某涉嫌交通肇事一案时,发现冯某某驾驶两轮摩托车途中与被害人沈某某发生碰撞,造成被害人受伤后经医院抢救无效死亡,事后冯某某进行了经济赔偿。该案移送至桐乡市检察院审查是否具有逮捕必要性时,该院邀请嫌疑人所在村委会等代表进行公开听证,在充分听取各方代表意见后,综合案情对犯罪嫌疑人冯某某作出不批准逮捕决定,取得了良好的社会效果。

(三)坚持以人民为中心,密切检群关系

在实践中,桐乡市检察院突出以人为先、以民为先,把群众放在心中最高位置,以司法办案为切入点,找准基层治理的结合点,群众需要什么检察机关就努力做什么,切实密切检群关系,努力提升检察机关的公信力。桐乡市检察院确立以民心为纲,爱心、善心为行,正心、良心为矩的"五心"理念,把"五心"理念贯穿检察各环节,积极践行绿色司法,坚持少捕慎诉,避免办案中产生新的矛盾,最大限度降低办案的"负产出",不断激发追求公平正义和社会善治的内生动力。2017年以来,桐乡市检察院开展了"一封信"专项活动,通过主动向案件当事人及其家属随案寄送"一封信"的方式,推介桐乡检察微信公众号,实现了当事人及其家属与检察机关的双向互动。该院专门组成了网上接待小组,对网民的咨询进行一一回复,及时告知案件进展情况,解答法律疑难困惑,努力引导涉案当事人及其身边人遇事找法的良好法治秩序。该活动推行一年多来,桐乡检察微信共收到法律咨询1 500余人次。

三、打造"三治融合"检察升级版的思考

基层治理是国家治理体系的重要组成部分,这既要从顶层设计出发,完善基层治理体系,又要从实践出发,激发各类主体的创新力量,为乡村振兴战略凝聚人心。检察机关作为司法机关的重要组成部分,要发挥法律监督职能,加强基层法治保障,助推基层治理有序;要落实检察环节普法责任制,提升基层法治素养,实现全民学法尊法守法;要注重与基层自治、德治相融合,实现检察机关与基层协商共治、协同推进,不断提高基层人民群众的获得感和满意度。

(一)加强检察机关推进"三治融合"的常态化制度化建设

要加强检察机关推进基层治理的机制建设,用机制保障推进深化"三治融合"常态化制度化,实现融入日常、长期坚持、形成常态。在机制建设的过程中,要注重法治与自治、德治相结合,理论与实践相结合,典型案例与基层治理实践相结合,实现良性互动,让检察机关机制措施更接地气、更聚人心。

(二)消除检察机关和基层之间普法供需不平衡现象

我们在办案过程和基层走访时,发现基层一些群众的法治意识还相对薄弱,基层组织运用法治思维和法治方式处理事件的能力水平还不够高。同时,他们也表现出对法律知识、法治产品的需求。而桐乡市检察院拥有专业的法治人才和深厚的办案经验,成立了蒲公英精准普法团队,也设计了大量的法治产品,比如拍摄了微电影《迷途知返》《酒·醒》,制作了涉及非公企业、未成年人、非法吸收公众存款等的精品课件,法治"供给"丰富。但是检察机关与基层组织之间

的沟通不畅,出现了供需不平衡、基层法治发展不充分的现象。检察机关要主动作为,并及时将法治产品送到基层,让基层群众有效感知检察工作。

(三) 丰富检察机关推进"三治融合"的有效载体和形式

检察机关在助推深化"三治融合"桐乡经验的过程中,要防止和克服紧一阵松一阵、检察工作与基层治理实际"两张皮"等不良倾向,要在了解和分析基层治理现有模式的基础上,结合检察职能与服务,有效对接基层社会治理实践,设计提供更多深受基层欢迎的优质法治产品、检察产品,切实当好基层社会治理的法治助手。

四、构建检察机关助力深化"三治融合"桐乡经验的具体路径

加强和创新基层社会治理,是推进国家治理体系和治理能力现代化的重要基石,也是不断增强人民群众获得感、幸福感、安全感的内在要求。做好新时代基层社会治理,检察机关责无旁贷,要充分发挥检察职能,聚焦主责主业,延伸检察服务,密切检群关系,切实维护社会稳定,激发基层社会活力。

(一) 聚焦主责主业,发挥法治保障作用

充分发挥法律监督职能,自觉将检察工作放到基层综合治理工作的大格局大平台中谋划部署,主动融入、全面保障,扎实推进法治桐乡建设。

1. 高水平推进法治桐乡建设

依法履行检察职能,深入开展扫黑除恶专项斗争、黄赌毒专项整治,严惩金融犯罪、电信网络诈骗等民生领域犯罪,扎实开展危害食品药品安全犯罪专项立案监督活动,主动服务打好"三大攻坚战"和"六场战役",遵循司法工作规律,严格把握罪与非罪、重罪与轻罪、从严与从宽的尺度,确保每一个案件都经得起法律和历史的检验。

2. 全面深入推进公益诉讼

积极践行检察机关作为公共利益代表的职责使命,聚焦群众关注的热点问题,重点加强生态环境和资源保护以及食品药品安全领域公益诉讼工作。加大公益诉讼宣传力度,发挥基层自治组织和群众的作用,建立健全案件线索发现机制。注重诉前程序,充分发挥检察建议功能,积极推动行政机关依法履职纠错,共同促进公益损害问题及时有效解决。充分运用政治智慧和法律智慧,利用典型案件,讲好公益诉讼故事,实现办理一案教育一片,有效促进公益保护和依法行政。

3. 坚持少捕慎诉理念

积极适应以审判为中心的刑事诉讼制度改革,进一步严格审查逮捕、审查起诉的标准与条件,充分利用诉前会议、公开审查、刑事和解、羁押必要性审查等司法措施,积极探索实行少捕慎诉、轻微刑事案件非罪化处理等机制,着力降低审前羁押率、轻微刑事犯罪案件起诉率,打造法治生态的绿水青山。

(二)化解基层矛盾,促进社会和谐稳定

充分发挥司法能动性,积极延伸检察服务,创新丰富载体,善于运用法治理念、法治思维和法治方式促进基层社会矛盾化解。

1. 健全完善刑事和解机制

坚持和发展新时代"枫桥经验",善于运用法治思维和法治方式开展检察工作,深化刑事和解工作机制,推进羁押必要性审查工作,促进形成矛盾纠纷多元化解决机制。坚持就地化解,探索建立与人民调解组织、行业调解组织相衔接的联动机制,实现"三调联动",促进社会矛盾源头治理。

2. 推进律师参与矛盾化解和代理申诉工作

继续贯彻落实《关于律师参与化解和代理涉法涉诉信访案件的实施办法》,定期更新法律援助律师团成员名单,积极引导律师参与接访处访、诉前会议、公开听证等,推动涉检涉诉信访工作中心下移,有效化解社会矛盾。

3. 发挥公益损害与诉讼违法监督平台作用

主动适应新形势新要求,加大公益损害与诉讼违法举报中心的宣传力度,畅通人民群众反映问题的渠道,提升检察机关的监督视野。办案人员在工作中主动作为,敢于监督,善于监督,及时发现公益损害和诉讼违法线索。加强检察机关内部协作配合,规范公益损害与诉讼违法线索的移送和管理,构建法律监督新格局。

(三) 密切检群关系,提升司法公信力

坚持以人民为中心,切实创新群众工作方法,不断提升新形势下做好群众工作的能力,进一步密切检群关系,自觉接受群众监督。

1. 完善检察联系群众方式

加强基层代表委员、"两会三团"成员联络工作,打造"移动式"检察联络新平台。通过检察开放日、蒲公英工作室等媒介,让更多基层群众走进检察机关,了解检察工作。突出党建引领,继续深化红色四方联盟、检察工作联系点等制度,深入基层、深入群众,帮助基层群众

解决实际困难。

2. 完善检察服务群众平台

加快推进建设集检察服务实体大厅、检察服务网络平台和检察服务热线三位一体的统一对外服务窗口,打造"一窗受理、集成服务"的检察服务模式。深化"最多跑一次"改革,加强"两微一网"新媒体公开平台建设,以案件信息公开信息平台为主阵地,建立网络查询、电话查询和上门查询"三位一体"的案件查询机制,构建多层次、多角度、全覆盖的检务公开网络,努力让基层群众少跑腿。

3. 完善公开审查工作机制

建立健全公开审查、宣告制度,对案件事实、适用法律方面存在较大争议或有较大影响的审查逮捕案件、拟作不起诉案件、提起抗诉案件、刑事申诉案件、不支持监督申请案件和羁押必要性审查案件,邀请当事人、基层自治组织代表、"两会三团"成员参与,实行公开审查、公开宣告。

(四)预防刑事犯罪,夯实社会法治基础

充分利用办案资源,深化蒲公英精准普法品牌,严格落实检察环节普法责任,从源头预防违法犯罪,努力推进社会法治建设。

1. 强化治安网格对接

探索"检察+基层网格"工作机制,加强检察工作与治安网格、各级综合指挥平台对接,深入基层了解社情民意,加强对类案和系统性问题的排查整治与风险防控,不断将检察监督职能向基层社会治理、法治服务延伸,着力在服务发展大局、创新社会治理过程中展现检察机关的司法保障新作为。

2. 深化蒲公英精准普法

严格落实"谁执法谁普法"普法责任制,充分发挥检察机关在案

件、法律人才方面的资源优势,突出未成年人、老年人、非公企业等特殊人群,运用好法治茶馆、法治驿站、法治书屋等特色阵地,配优选强三级法律服务团,继续深化蒲公英精准普法,完善检察官以案释法制度,提高检察机关普法工作的精准性、实效性,形成具有桐乡检察特色的普法模式。

3. 加大数据研究分析

以所办案件大数据为支撑,通过对案件数据的深度挖掘应用,实现数据的综合、专项分析,分专题、分类别、分区域开展大数据分析和预警预测,对苗头性、倾向性问题及时进行风险预警,为基层综合治理提供有益参考。更加注重理论与实践相结合,开展"三治融合"与检察机关关系的专题研究,以更好地指导检察实践。

【作者简介】

沈利强,桐乡市人民检察院党组成员、政治部主任。

钟丽,女,现任桐乡市人民检察院办公室主任。

张棋,女,1990年10月出生,毕业于浙江传媒学院汉语言文学专业,现任桐乡市人民检察院办公室科员。2018年荣获嘉兴市人民检察院"机关公文写作能手"称号。

运用"三治"思维,打击和预防非法集资类犯罪

——以南京易乾宁非法吸收公众存款案为例

李美佳

摘　要:本文以南京易乾宁非法吸收公众存款案为例,剖析桐乡检察院在打击和预防非法集资类犯罪中如何运用"三治"思维助推矛盾化解,探索三治理念在类案犯罪中消弭社会矛盾的可能性。

关键词:"三治"　非法集资　"易乾宁"案

党的十九大报告提出坚持农业农村优先发展,实施乡村振兴战略。而实施乡村振兴战略,治理有效是基础。必须把夯实基层基础作为固本之策,建立健全党委领导、政府负责、社会协同、公众参与、法治保障的现代乡村社会治理体制,坚持自治、法治、德治相结合,以自治"消化矛盾",以法治"定分止争",以德治"春风化雨",实现乡村稳定、和谐、发展的最终目标。自2013年起,桐乡市以"红船精神"为

引领，立足建设基础更牢、水平更高、人民群众更满意的平安桐乡，在全国率先开展自治、法治、德治融合的基层社会治理探索实践。近年来，桐乡检察院在市委和上级检察机关的正确领导下，紧紧围绕党委中心工作，积极实践"三治融合"建设，加强检察环节预防和化解社会矛盾，积极参与乡村社会治理。

一、"三治"与矛盾化解

"三治"即自治、法治、德治。德治是基础，法治是保障，而自治是目标。一是利用法治约束，以法治增强社会治理保障力。《管子·明法解》有云："法者，天下之程式也"，社会的运行发展，包括政商活动、人际交往无不需要法律约束。法律这种强制性的外在约束形式给了社会活动以规范，也给了社会治理以标准。二是利用德治化人，以德治增添社会治理助力。法律是外在的，道德是内在的；法律是制定的，道德是养成的；法律是阶段的，道德是永恒的。良好的道德观念可以形成守法的自律心态，从而起到比法律的他律作用更强的、无时不在的约束力。三是利用自治创新，以自治带动社会治理活力。自治就是要变被动为主动，利用人口、自然、历史、文化等优势，发挥基层居民参与社会公共事务治理的热情。

随着时代的发展，各种社会问题和社会矛盾凸现，传统的政府管理模式已经不适应新时代乡村治理的现实需求，基层社会治理的"最后一公里"现象逐步显现。坚持问题导向、群众导向，围绕源头性、基础性问题，推进自治、法治、德治相结合的"三治"建设，直接将关口前移，在矛盾爆发前就进行沟通和疏导，从源头预防矛盾的产生。构建自治的社会秩序，自我管理、自我服务；在群众中树立法治观念，运用法治思维和法治方式解决问题;以道德宣扬真善美、弘扬正能量,有社会成员参与的社会治理助推基层矛盾有效化解,让社会既充满活力又和谐稳定。

二、桐乡检察院打击非法集资类犯罪始末

非法集资是指单位或者个人未依照法定程序经有关部门批准,以发行股票、债券、彩票、投资基金证券或其他债权凭证的方式向社会公众筹集资金,并承诺在一定期限内以货币、实物及其他方式向出资人还本付息或给予回报的行为。

(一) 案情回顾

2014年5月—2015年4月,南京易乾宁金融信息咨询有限公司在嘉兴市(除秀洲区未予准入外)7个县(市、区)注册成立分公司7家、办事处(港区)1个。上述分支机构未经金融管理部门批准,招募并组织公司员工以口口相传的形式向社会不特定公众推销其总公司"易乾宝"系列理财产品,向社会不特定对象大量吸收资金。2016年4月14日,桐乡市公安局对南京易乾宁桐乡分公司进行立案查处,2017年3月该案送桐乡检察院审查。桐乡市公安局冻结江苏易乾宁资产管理有限公司的相关银行账户共2.5亿余元。全市各办案单位对易乾宁分公司负责人、总监、团队长采取刑事强制措施60人,至2017年1—4月,54人被起诉至同级人民检察院。全市共涉及投资人1.1万人,非法吸收资金24.9亿余元,未兑付涉及0.84万人,金额16.28亿元。南京易乾宁金融信息咨询有限公司桐乡分公司涉及人数1 551人,涉及金额3.01亿元,损失人数1 136人,损失金额2.18亿元。

(二) 应对措施

在办理系列非法吸收公众存款案的过程中,桐乡检察院以践行"三治"理念为引领,依法办案,化解矛盾,精准普法。

1. 依法办案

桐乡检察院坚持宽严相济的刑事政策,既严把法度,又体现司法温度,真正做到检察工作与维护社会稳定同频共振。

一是加强学习、练好内功。桐乡检察院深刻认识到非吸类犯罪的严重危害性,随着案件数量的增长,该院多措并举,努力提升办案能力,为积极稳妥办理案件奠定了思想基础和素能保障。该院组织有经验的检察官组成专案小组,对非吸类犯罪相关法条和专业金融知识进行集中学习;邀请北大教授来院授课,相关公安人员、审判人员以及律师旁听了该课;邀请中国人民银行桐乡市支行业务经理为专案小组成员讲授相关金融知识,进行答疑解惑;办案组深入银监、工商等主管部门走访调研,了解相关审批流程;还联络多家理财公司,通过了解其运作模式,结合实务提升对相关法律法规的理解。

二是提前介入、强化监督。桐乡检察院在办理"易乾宁"案件时,抽调了2名精干力量,派驻侦查部门一个月,全面审查材料,建议公安机关对刚参加工作、不了解情况的大学生不作处理,侦查机关采纳了桐乡检察院意见。

2. 化解矛盾

在办理案件过程中,桐乡检察院做好线下网上耐心说理工作,稳控相关人员情绪,同时,加强对办案经验教训的总结工作,积极向当地党委、政府建言献策。

一是线下接访。南京"易乾宁"案在桐乡本地被害人达1 500多人,其中部分被害人对该类犯罪的危害认识不清,对案件的查处表示不理解、不支持,认为该案应为普通经济纠纷案件,不应该由司法机关处理,导致情绪不稳。桐乡检察院受理该案以来,有 3 批共 20 余人次被害人代表来上访,桐乡检察院安排承办此案的检察官接访被害人代表,认真倾听被害人的诉求,安抚其情绪,耐心讲解该案涉嫌非法吸收公众存款的违法之处,上访被害人听后表示了理解和认同。

二是网上答疑。桐乡检察院在官方微信发布非法吸收公众存款案系列告民书后,100 多名市民纷纷在微信后台留言,桐乡检察院专门组成了网上接待小组,对网民的咨询进行一一回复,答疑解惑,并时时关注网上动态,防止网络舆情恶化。

三是建言献策。桐乡检察院在办理案件的过程中,注重发现问题,并积极向党委、政府建言献策,引起了当地党委、政府的高度重视。编发非法吸收公众存款类要情专报 4 篇,向当地党委、政府报送《检察机关反映打击和预防非法吸收公众存款罪案件存在三方面问题亟需引起重视》等文章 2 篇;桐乡检察院检察长通过《勤政周记》的形式向市委书记盛勇军报告,盛书记批示要求"金融办、人民银行、银监会、市场监管、国税、地税务必以此为戒,并明确监管审批的分管领导"。

3. 精准普法

为了让市民了解更多非法吸收公众存款犯罪的相关法律知识,桐乡检察院融服务于办案中,策划了多种渠道的精准普法活动,加强对人民群众的普法宣传,积极提升法律服务的针对性和时效性,努力做好办案"后半篇文章"。

一是微信普法。桐乡检察院在微信公众号上专门开设普法栏目,发布告民书系列共 5 期,采用图文、H5、视频等形式,主要介绍非法集资类犯罪的特点、危害及相关法律规定、防范措施等,该告民书系列受到网友和桐乡市本级媒体的广泛转发,截至本文写作时阅读量 10 389 次,粉丝留言 313 条,取得了良好的宣传效果。

二是专家普法。桐乡检察院邀请北京大学法学教授王世洲来桐,与检察官共同录制防范非法集资类犯罪电视节目,其中涉及非法集资类的罪名解释、典型案例和防范措施等内容,告诫广大市民应该增强法律意识和理性投资意识,防止上当受骗,该节目在桐乡新闻综合频道《桐乡新闻》栏目中播出。

三是短信普法。桐乡检察院对非法吸收公众存款案件中的被害人年龄进行大数据分析,发现非法吸收公众存款案件中的被害人多为35—60岁之间的市民,桐乡检察院立即联合通信运营商,向该年龄段60余万名移动手机用户发送了普法短信,提醒广大人民群众提高警惕,远离非法吸收公众存款犯罪。

三、检察机关"三治"建设在类案犯罪案件中消弭社会矛盾的可能性措施研究

检察机关在办案过程中也应当"既讲法治又讲德治",同时助力群众自治。要在依法办案的同时,通过道德感化,切实化解矛盾纠纷,真正做到案结事了;要在处理具体案件的基础上,通过宣传教育促进案件当事人和社会公众自律,预防犯罪的发生,切实减少犯罪行为,提升公众的安全感和满意度。

(一)立足检察职能,化解社会矛盾纠纷

1. 宽严相济,公正司法

在办理非法吸收公众存款系列案件中,一方面坚持法律底线,严厉打击涉众型经济犯罪,对该系列案件中骨干依法提起公诉,同时,贯彻宽严相济的刑事司法政策,注重谦抑司法,对案件中起次要作用

的人员,则作出相对不起诉处理,取得了较好的法律效果和社会效果。如在办理"家晚"案件时,发现案件中8名客服人员和3名财务人员的行为虽然构成非法吸收公众存款罪,但在共同犯罪中,起次要作用,有些人员从事相对次要的工作,有些是刚刚进入公司的大学生,应当从轻、减轻处罚或者免除处罚。桐乡检察院综合考量主客观等多方面因素,认为对上述11人相对不起诉既符合相关法律规定,又可避免产生负面效应,经检委会讨论后对该11名犯罪嫌疑人作出相对不起诉决定。

2. 制定长效机制,引入律师参与信访申诉

联合市司法局制定出台《关于律师参与化解和代理涉法涉诉信访案件的实施办法(试行)》,向不服检察机关处理决定重访、缠访、闹访的或者信访人明确要求律师参与的等7类案件引入律师化解和代理信访申诉,充分发挥律师作为第三方的积极作用,支持群众理性表达诉求,努力化解社会矛盾,实现涉检信访赴省进京"零上访"。

(二) 延伸检察服务,助推基层依法办事

1. 引导人民群众有序参与司法

对部分捕与不捕、诉与不诉存在较大分歧的案件,积极探索司法办案公开审查工作机制,邀请嫌疑人家属、所在村委会代表等人参与司法办案,公开听取他们的意见建议,增强司法办案的透明度,促进社会矛盾化解,提升司法办案效果。

2. 建立健全便民利民机制

全面落实"最多跑一次"工作要求,明确对案件程序性信息查询等6类事项"最多跑一次",方便基层上门依法办事。2016年以来,桐乡检察院开展了"一封信"专项活动,通过主动向案件当事人及其家属随案寄送"一封信"的方式,推介桐乡检察微信公众号,实现了当事

人及其家属与检察机关的双向互动。桐乡市院专门组成了网上接待小组,对网民的咨询进行一一回复,及时告知案件进展情况,解答法律疑难困惑,努力引导涉案当事人及其身边人遇事找法的良好法治秩序。

(三) 落实普法责任制,提升农村法治素养

1. 加强对社会公众普法教育

以"互联网＋检察"为工作"发力点",充分利用新媒体矩阵,设立重大"案件发布""'蒲公英'法律微课堂"等普法专栏,及时发布社会普遍关注的案件办理情况,加大对社会大众的普法力度。

2. 注重对涉案当事人释法说理

在办案过程中,针对类型案件的普遍特点,通过现身说法等形式,对涉案当事人进行普法宣传教育,及时解疑释惑。如在办理危险驾驶案件时,要求相对不诉人上街进行现身说法,拍摄《酒·醒》微电影,促使案件当事人真诚悔过,不断提升公众法律意识。

3. 突出对乡村的法律宣传

做到乡村法治宣传教育、法律服务、宣讲培训常态化,让法治观念深入人心。如积极参与三级法律服务团建设,选派员额检察官担任法律服务团团长或成员,着力做好基层公共法律服务工作;建立健全蒲公英精准普法团队,提供"宣讲清单＋内容定制"的"你点我讲""1＋1"法律服务;联合市法院在濮院毛衫创新园设立法律服务工作点,每月定期驻点服务,上门为园区内百余家小微企业提供法律咨询等。

"三治"建设是"枫桥经验"的传承,更是"枫桥经验"的创新与发展,但不变的精髓是化解社会矛盾,提高社会有效治理水平,维护社会公平正义。位处"三治"理论发源地的桐乡检察院将时刻以人民为

中心,完善、提升新时期群众工作的方法和能力,把预防和化解矛盾纠纷贯穿办案始终,考量每一起案件的社会效果和整治效果,切实为人民群众提供更优质的检察产品。

【作者简介】

李美佳,女,1986年9月出生,毕业于浙江工业大学法学专业,现任桐乡市人民检察院政治部副主任。公开发表理论研究文章多篇。

创新工作机制,提升精准普法
——以桐乡检察院蒲公英普法团队为例

姚小丽

党的十八大以来,习近平总书记提出了一系列治国理政新理念新思想,对全面依法治国作了重要论述。2014年10月,党的十八届四中全会通过的《中共中央关于全面推进依法治国若干重大问题的决定》明确要求"坚持把全民普法和守法作为依法治国的长期基础性工作","实行国家机关'谁执法谁普法'的普法责任制",为检察机关如何立足岗位开展更加有针对性的普法提供了思想指导和基本遵循。2017年5月《关于实行国家机关"谁执法谁普法"普法责任制的意见》正式出台,这是普法工作的重大理念创新和制度创新。我们也特别关注到该《意见》明确提出的"建立法官、检察官、行政执法人员、律师等以案释法制度",这是对不同部门针对性普法的路径指导,其题中应有之意便是不同部门要根据职能开展精准普法工作。其实,早在2016年初,桐乡检察院便在前期已有普法探索的基础上,初步成立了蒲公英普法团队,致力于立足检察机关职能的精准普法工作,该团队寓意即"通过桐检检察官精准普法扬起的清风,将法治的种子撒向大地,让法治意识在广大人民群众心中落地生根"。在"谁执法谁普法"的普法责任制出台后,团队更是通过创新工作机制,努力提升精准普法实效。下文以桐乡检察院蒲公英普法团队的普法实践为基础对精准普法作一些有益的探讨。

一、对精准普法的理解

(一)精准普法提出的背景

1. 简述精准普法与"三治"建设的关系

精准普法必须坚持自治、法治、德治相结合,普法与治理并举。用精准的方式方法把普法工作融入人民群众的日常工作、生活中,引导广大人民群众在法治实践中学习法律、遵守法律、运用法律,提升法治素养。因此,精准普法是"三治"建设的重要组成部分。位处"三治"理论的发源地,桐乡的检察机关更应义不容辞做好精准普法工作。

2. 精准普法的现状分析

总体来看,检察普法工作在向更加精细化、更加精准的方向发展,但相对还处于比较粗犷的阶段。回顾桐乡检察院前几年的普法活动,往往是基于以下几个因素而开展:一是上级机关要求,比如宪法宣传日、检察开放日(相比前几年,目前检察开放日的主题越来越精细化)等;二是同级普法办的组织,比如不同部门上街开展大普法宣传,组织参加普法知识竞赛,派遣法制副校长、派遣法律服务团成员等;三是自发组织的活动,由于繁忙的工作掣肘,相对开展较少,规模较小,影响力弱。可见,这些普法活动主要还是依托大普法格局开展的常规性普法,因未体现"谁执法谁普法"的理念,普法责任不够明晰,普法的针对性不够强、普法的精细化程度不够高,当然,普法的效果不一定好。近两年来,蒲公英普法团队不断探索精准普法的新路子、不断创新工作机制,取得了一定的成效,但仍需继续努力。

3. 精准普法必要性分析

精准普法是贯彻普法责任制题中之义,是新时代普法工作的必然要求,是适应社会发展阶段的科学治理方法。精准普法必然要求把普法责任进一步地细化、实化,一边执法一边实时普法,用生动直观的方式把法理讲清楚、把情理讲透彻,通过一个个案例让人民群众更好地理解法律规定,自觉尊法、守法、护法,真正体现法治精神。同时,在司法体制改革背景下,检察机关更加需要将"检察好声音"传递出去,弘扬社会正能量、播撒法治理念。2016 年,桐乡检察院检察长根据桐乡检察工作实际,提出了"五心"检察理念,即以民心为纲,以爱心、善心为行,以正心、良心为矩,并要求在办好质量案、效果案、良心案的同时,衍生做好以案释法、精准普法工作。蒲公英普法团队将精准普法的必然要求贯彻始终,在办案实践中从一点一滴做起,努力适应桐乡实际,做到"本土化、更强大",同时又有一定的推广价值。

(二) 精准普法的内涵

1. 精准普法与大普法的区别

精准普法是"党委领导、部门分工、各司其职、齐抓共管"的大普法格局中重要的一环,大普法更加强调统筹性、整体性、普适性,而精准普法更加强调精细、精准、精确,更加强调互动性、实时性、实效性普法,对普法对象、普法重点、普法领域作了一定的限制,对普法的平台、普法的形式进行了更多的创新,对普法者也提出了更高的专业性要求,必须由专业人员开展精准普法。

2. 精准普法在检察工作中的地位

检察机关是法律监督机关,承担着刑事案件的办理、侦查监督、审判监督、民事行政监督等大量的工作职能。近年来,各级检察机关越来越重视主责主业之外的普法工作,甚至把普法也作为主业之一,尽心履行国家机关的社会责任。原因有三:第一,检察机关在办理各类案件的过程中掌握了第一手的法律案例资源及大量数据。就桐乡检察院而言,2015年以来每年办理各类刑事案件1 600余件,涉及罪名从危害公共安全到职务犯罪等上百个,对于这些案件有基础的数据分析、问题研判、案例分析等工作在开展。第二,检察机关在办案过程中势必接触各类亟需普法的对象。桐乡检察院每年接触犯罪嫌疑人2 000余人,被害人数量更多,在数据分析的基础上,能够归纳出易犯罪群体特点,包括其地域特点等,以及易被侵害群体(比如易被电信诈骗、易被集资诈骗群体等)的特点,容易确定需要普法的重点。第三,检察机关拥有一支素质较高的法律人才队伍。桐乡检察院从事检察业务工作的人员除部分老同志外均通过国家司法考试,具有一定的法律理论功底,具有较高的社会责任感,愿意且有能力将所学奉献社会、造福大众。上述3项内容也是检察机关开展精准普法的基础,蒲公英普法团队正是在此基础上,确定重点、组建团队、制定计划,开展目标精确、内容精准、能出实效的普法,切实担负起精准普法责任。

二、精准普法的"桐检实践"

(一) 桐检精准普法队伍状况

1. 普法队伍的组建

2016年初,蒲公英普法团队初立,由公诉部的检察官、助理约15

人组成,同时制定了团队的运作模式,即由科长牵头,几位资深检察官任小组长,分别负责一个版块的普法工作,其他科员担任团队成员。普法内容主要是线上线下两块,线上是为桐乡检察微博、网站、微信提供普法案例、检察官释法等;线下主要是开展面对面的以案释法,走出去、迎进来普法活动,开展一些普法讲座等。在初创探索阶段,团队队伍层次不够分明,结构比较单一,只有公诉部门的检察人员;普法内容针对性不够强,精细化程度不够高,与大普法较为接近;普法形式不够新颖、平台比较单一,除院网络平台外,依托其他平台开展的活动较少。

2. 普法队伍的发展

两年多的实践使得蒲公英普法团队的队伍得到了锻炼和发展。截至2018年6月底,新一代团队已经囊括了侦监、公诉(含未检)、民行、刑事执行等各个领域的业务能手,形成全院动员、全员参与的格局。第一,由公诉部门牵头,设总团长1名,各科室负责人任副团长,总团队下面细分青少年普法、服务非公普法、公益诉讼普法3个子品牌团队,每个团队设团长1名、相对固定成员若干,其余团队成员互帮互助,共同为团队开展精准普法献计献策,同时,确立团队专职内勤,为团队开展活动做好后勤保障。第二,团队每年制定年度工作规划,各子团队负责人按照统一部署,协调、安排好本团队的具体实施计划,分步科学组织实施,有力推进各项工作的落实。第三,由公诉部确定专人,定期统计本规划的目标任务和计划措施落实情况,并及时公布结果,各科室负责人督促落实,责任到人,以确保规划的有效落实。定期、不定期对团队成员开展各类培训,提升普法、宣讲能力。对在精准普法过程中表现突出的成员,在当年度各类评优评先中适当予以倾斜。至此,团队架构已经较为合理,活动开展较之以往更具有组织性、专业性。

(二) 桐检精准普法平台的发展

精准普法平台确立的原则：线上与线下两手抓，传统媒体不遗漏，联合普法见实效。

1. 线上平台：依托"两微一网"，搭建实时推送平台

以"互联网＋检察"为精准普法发力点，利用"两微一网"新媒体矩阵，开辟"权威发布""法律微课堂"等普法子栏目，积极打造线上普法阵地。开通桐乡检察官线上法律咨询，组建由员额检察官及专家学者组成的幕后法律咨询团，及时为广大人民群众作出解答。

2. 线下平台：利用办案区资源，搭建面对面普法平台

重新定位办案工作区，打造成集办案、普法等功能为一体的普法基地，设置法治宣传资料展览架，以手绘漫画法律知识上墙，通过电视机等媒介轮播法律公益宣传片、微电影等，对进入办案区的案件当事人面对面普法。

3. 运用传统媒体优势，搭建定时普法平台

充分发挥广播、电视、报纸、短信等传统媒体、通信方式的作用，与广电部门联合开设常设性法治宣传教育栏目，与移动、电信部门联合进行定期普法短信推送活动，针对社会热点和典型案例及时开展权威法律解读，积极引导社会法治风尚。

4. 搭乘大普法顺风车，搭建联合普法平台

搭乘全市大普法顺风车，协调联系市普法办，通过全市普法移动通信终端、公交车载电视、华数电视、楼宇电视、公共区域大屏、公共法律服务网、普法网、法治微信、法治微博、文化大礼堂等渠道，传递检察机关声音，开展检察精准普法。

(三) 桐检精准普法模式

1. 互动型普法

围绕涉案当事人,实行互动式普法。围绕社会关注的重大案件、涉案人员及其家属关心的案件办理节点,加强与社会大众和当事人的互动联系,变"单方说教"为"互动释法",拓展普法的广度。

(1) 专案现身释法。在办案过程中,针对类型案件的普遍特点,通过公开听证、现身说法等形式加强法治宣传。比如,对部分捕与不捕、诉与不诉存在较大分歧的案件,邀请侦查员、辩护律师、人民监督员、犯罪嫌疑人所在村村民等参与案件公开审查,第一时间对涉案当事人进行普法宣传教育,及时解疑释惑。桐乡市检察院已开展公开听证 10 余次,参与人数 50 余人。在办理危险驾驶案件时,要求相对不诉人上街进行现身说法,拍摄《酒·醒》微电影,促使案件当事人真诚悔过,不断提升公众法律意识。

(2) 专人互动回复。建立健全沟通联系机制,注重加强对涉案当事人和身边人的普法宣传。2017 年以来,桐乡市检察院开展了"一封信"专项活动,通过主动向案件当事人及其家属随案寄送"一封信"的方式,推介桐乡检察微信公众号,实现了当事人及其家属与检察机关的双向互动。桐乡市检察院专门组成了网上接待小组,对网民的咨询进行一一回复,及时告知案件进展情况,解答法律疑难困惑问题,切实做好释法析理工作。该活动推行以来,桐乡检察微信共回复咨询 1 000 余人次。

(3) 专栏线上宣传。以"互联网+检察"为工作发力点,充分利用"两微一网"新媒体矩阵,在桐乡检察官方微信设立重大"案件发布""蒲公英法律微课堂"等普法专栏,及时发布社会普遍关注的案件办理情况,积极打造线上普法阵地,加大对社会大众的普法力度。目前,已发布专题普法工作动态 50 余条,累计阅读量已超过 3 万次。2017 年 3 月,桐乡市检察院办理了一起社会影响较大的非法集资案,引发了社会广泛关注,为此,桐乡市检察院连续推送《打击非法集资告民书》系列博文 5 期,组织新闻发言人和北大法学教授开展电视普法,促使 1 500 余名投资者认清利害关系,提高防范意识,拒绝高利诱惑。

2. 订单式普法

服务非公企业,采取订单式普法。积极寻找检察工作切入桐乡经济社会高质量发展的落脚点,以服务非公企业为契机,按照"办理一起案件、教育一批企业"的原则,变"就案办案"为"综合服务",切实增强普法的深度。

(1) 定制宣讲清单。积极围绕检察机关能为非公企业发展"做什么"的问题,通过上门走访、召开座谈会等形式,认真听取和梳理企业、商会对检察机关普法的需求与诉求,专门成立"蒲公英服务非公企业讲师团",确定"民间借贷""职工权益保护"等 10 个普法清单,为非公企业提供"预防清单+内容定制"的"1+1"法律知识"你点我讲"服务,先后前往安徽商会、双箭集团等 10 多家企业、商会开展法律知识宣讲服务,取得了良好反响。

(2) 延伸法律触角。在办理涉非公企业案件时,做好办案"后半篇文章",开展精细法律服务。例如,桐乡检察院在办理一系列虚开增值税发票案件中发现,此类案件主要发生在混凝土行业,为此,桐乡检察院多次主动上门走访辖区内桐星、新都、冠峰等龙头混凝土企业,提醒企业发展中可能存在的法律风险,强化企业管理人员的法治意识和社会责任意识,共同破解企业发展中存在的法律难题,促进行业企业规范健康有序发展。该案被评为全省检察机关服务非公经济精品案例。

(3) 精选典型案例。加强典型案例的收集、整理和发布工作,充分发挥典型案例的引导、规范、预防与教育功能。2017年,桐乡检察院筛选了在非公企业易发频发的典型案例,编制非公企业预防手册"小蓝本",已向非公企业发放2 000余册。2018年3月,着眼于企业生产、发展中的产品质量和知识产权等问题,通过检察开放日活动,向非公企业家通报,帮助企业维护合法权益,预防经营风险。

3. 服务型普法

针对在校学生,突出服务型普法。积极参与青少年法治教育工作,加强与教育局、学校的协作,变"各自为政"为"携手共进",加大普法的力度。

(1) 凝聚工作合力。加强与市教育局的协同合作,联合市教育局出台《建立"检教共建"协作机制》,建立协作联席会议、案件信息通报、共同观护帮教等4项"检教共建"机制,及时确定法治宣传教育方向,进一步深化未成年人权益保护工作,预防和减少未成年人犯罪。

(2) 开展校园巡讲。充分利用办案资源和案件大数据,扎实开展"法治进校园"巡讲活动。与市教育局制定《关于组织开展"内衣规则"、"反校园欺凌"、"健康上网"三大主题的校园巡讲活动方案》,组建一支80后、90后年轻蒲公英讲师团,根据宣讲对象不同,及时调整宣讲内容,紧密结合学生身心特点精选案例,融入体验式教学互动模式,不断提升青少年普法的针对性和有效性。目前,已在全市40多所中小学校专项巡讲普法,参与中小学生超过12 000余名。

(3) 引入社会力量。充分利用社会资源,通过购买服务等形式,切实加强对不良行为青少年的专门法治教育工作。利用桐乡凡星青少年事务社工所在桐乡市多个乡镇设立青少年事务社工工作站的优势,由专业社工对犯罪情节较轻的未成年人开展日常法治教育、建立帮教档案、参与公益活动等个性化体验服务,预防重新违法犯罪。目前,已完成对 13 名涉罪未成年人在附条件不起诉考验期内的法治教育工作。

(四) 桐检精准普法重点

普法的重点分为重点对象和重点领域。针对不同的对象和领域,确定年度普法重点,根据实际情况适时调整侧重点,以期适应不断变化的普法工作需求。

1. 在重点对象方面

(1) 针对青少年。利用办案优势,每年形成青少年犯罪十大典型案例,以"小蓝本"形式发放;每年举办 1—2 次青少年犯罪预防、身心保护的检察开放日、新闻发布会活动;分析案件特征,每 2 年形成 1 份青少年刑事犯罪状况白皮书,呈报市委、上级院决策参考;根据实际需求,每年开展 1—2 轮"法治进校园"巡讲活动;形成未成年人保护讲课单,以"你点我讲"的形式满足不同类型学校的不同法治需求;选派优秀检察官担任中小学、幼儿园法制教师,常态化引导学生、家长学法懂法;引入社工组织,通过开展公益活动等形式进行体验式普法;拍摄一部未成年人微电影。通过一系列实践,激发青少年学法兴趣、培育守法理念,号召全社会关注青少年法治教育问题。

(2) 针对非公企业。每年形成预防企业犯罪十大典型案例,以"小蓝本"形式发放;每年确定不同的主题,举办 1—2 次服务非公企业检察开放日活动;形成服务非公企业讲课单,通过工商联、平时走访、开放日等途径发放至非公企业,根据企业实际需要提供法治宣讲服务;根据实际办案情况,借助不同平台,每年针对涉非公经济某一领域集中开展法治宣传 1—2 次。通过精准普法,引导非公企业合法经营,帮助非公企业解决法律难题,营造良好的营商环境。

(3) 针对案件相关人员。开展"一封信"活动;利用接待、讯问、询问、不捕说理、刑事和解、公开宣告、听证、出庭等各个环节开展"以案释法";对某一类型涉案人员每季度开展1次集中法治教育,形式可多样;将"以案释法"贯穿于监所内谈心谈话、社区矫正人员法治宣讲等过程中。通过一系列措施,真正做到办一类案件,教育一批人。

2. 在重点领域方面

2018年度,结合"七五"普法规划及省市检察院重点工作,确定金融、环保民生、知识产权保护、网络安全、扫黑除恶等领域为重点普法领域,并根据每年实际情况对重点领域作适当调整。金融领域,重点针对非法吸收公众存款、集资诈骗等行为开展集中普法;环保领域,重点针对污染、破坏环境的行为开展集中普法;民生领域,重点针对交通安全、安全生产、食品药品安全、校园安全、出租房安全、村社区重点普法需求等内容开展法治宣传;知识产权保护方面,重点针对假冒注册商标、销售假冒注册商标的商品等行为开展普法;网络安全领域,重点针对电信网络诈骗、利用网络开展涉黄涉赌等行为开展集中打击和法治宣传;扫黑除恶领域,重点对严重影响当地经济、人民群众生活的黑恶势力依法严打,及时通报。同时总结归纳桐乡市地域案发特点、经济运行规律,对不同地域开展不同形式的普法工作。对重点类案进行汇总分析形成报告,提出治理意见,上报相关部门,着力服务党委中心工作。

三、桐检精准普法品牌系统化构建建议

(一)塑造精准普法知名品牌

1. 品牌宣传,提升效应

品牌效应至关重要。蒲公英普法团队开展的各项活动经过精心策划、反复研判,具有一定的典型意义和较好的普法效果,同时,必须

通过各类平台及时推广宣传,拓展普法的知晓面和提升团队的知名度。知晓面和知名度的扩展、提升又有利于下一步精准普法工作的策划开展和实际效果。活动和宣传两手都要抓实、抓好。宣传的途径要进一步拓展,不能仅限于本部门的平台。

2. 品牌传承,衍生活力

蒲公英普法团队的活动开展需要制度化、常态化、规范化,不能因人员的变动而影响团队的运作。团队的活动内容也要不断推陈出新,符合老百姓的口味、适应新时代的要求。

3. 品牌拓展,锻造子品牌

团队子品牌的发展要有规划,先集中精力锻造1—3个重点子品牌,在不同领域普法过程中摸索精准普法新方法、新思路、新举措,再拓展领域,将子品牌精细化、精品化,做出桐检特色,同时具有普适推广意义,为检察精准普法树立标杆。

(二)锤炼精准普法高能队伍

1. 加强系统化培训

团队需要培养不同层次的人才梯队,需要对人才进行常态化培训和实务训练。每年集中培训不少于4次,既包括法律业务能力的提升,也包括精准普法能力的塑造。培训的形式多样化,以实训演练为主,以知识培训为辅,在组织能力、协调能力、实务能力等各方面综合下功夫,定向培养,一专多能。

2. 注重实践锤炼

每个团队成员都要参与到普法实践中,每人每年不少于一定的次数。活动形式可以是组织策划、法治宣讲、准备课件、以案释法等,通过实践提高精准普法能力。

3. 做好传帮带,保证队伍合理结构

定期推选"普法之星",以公开课、优秀普法案例、优秀宣讲课件等,先进带后进。需要根据实际需要调整团队成员、扩充有生力量,保证团队结构合理。

(三)完善精准普法功能

1. 从检察机关自身来讲,可以借助普法提升检察业务能力

精准普法是检察工作的方式,通过普法实践,引导提升两大能力:第一,检察业务能力。编写以案释法案例可以加深对案例的理解,普法宣讲可以锻炼辩才口才、巩固法律知识,准备课件可以锻炼检察文章的写作能力等。第二,综合协调创新能力。策划活动可以提升工作创新能力,组织活动可以锻炼与不同人员的沟通能力,协调各部门工作的能力,还有对团队的管理能力等。上述能力的提升会更加助益检察主责主业。

2. 从对社会的责任来讲,借助精准普法不断提升法治影响力

通过精准普法,不断拓展检察工作的知晓度,不断提升检察机关的公信力,内强素质、外塑形象,引导社会公众关心检察,倡导良法之治,宣传法治正能量,从而进一步提升公众法治意识。

【作者简介】

姚小丽,现任桐乡市人民检察院检委会专职委员、公诉部主任。

检察建议规范贴牌加工
深入调研促进行业自律
——濮院检察室立足办案服务全国最大
毛衫专业市场纪实

冯昌波

一、案情简介

2017年3月初—2017年4月5日间,被告人施佐华、金定辉、詹伟兴结伙,由被告人金定辉、詹伟兴从桐乡市濮院羊毛衫市场购进白坯T恤衫、衬衫、羊毛衫等,由被告人施佐华提供"花花公子"商标吊牌,在明知成分不符的情况下,被告人施佐华、金定辉、詹伟兴仍委托加工点对购得的白坯服装进行成分绣标和贴牌加工,后被告人金定辉、詹伟兴通过各自"有滋味2668""中庄6号""诚信为商1989"等淘宝网店对外销售。2017年4月5日,被告人金定辉、詹伟兴在桐乡市梧桐街道利民路492号莲花小区1单元301室租房被桐乡市市场监督管理局查获,现场扣押到已加工成成品尚未销售的"花花公子"服装588件(其中被告人金定辉400余件,被告人詹伟兴100余件),经国家纺织服装产品质量监督检验(浙江桐乡)毛针织品分中心检验,27件为合格产品(26件为被告人金定辉所有,1件为被告人詹伟兴所有),其余为成分不符的不合格产品。经查明,2017年3月初—2017年4月5日间,被告人施佐华结伙被告人金定辉生产销售伪劣"花花公子"服装3 000余套,涉案金额38万余元;被告人施佐华结伙被告人詹伟兴生产、销售伪劣"花花公子"服装400余套,涉案金额5万余元。

二、办理经过

2017年3月26日,嘉兴市市场监督管理局将"红盾网剑"专项执法活动线索移交桐乡市市场监督管理局。2017年4月5日,桐乡市市场监督管理局对桐乡市梧桐街道利民路492号莲花小区1单元301室进行执法检查,当场查获违法嫌疑人金定辉、詹伟兴、徐承仙等人。2017年4月6日,桐乡市市场监督管理局将本案移送桐乡市公安局,桐乡市公安局对金定辉、詹伟兴、徐承仙等3人刑事立案。2017年10月27日,桐乡市公安局将本案移送桐乡市人民检察院(以下简称"我院")审查起诉。在此期间,我院发现徐承仙涉案金额较小,退回补充侦查,其后,公安机关对徐承仙做出撤案处理。2018年3月7日,我院在办理本案过程中发现施佐华涉嫌共同犯罪,向桐乡市公安局发出《补充移送起诉通知书》。2018年3月29日,承办人组织市场监督管理局、质监局、公安机关承办人及犯罪嫌疑人、辩护人等多方人员参与诉前会议,针对争议焦点,包括罪名定性和销售数额听取意见。2018年4月9日,我院对施佐华、金定辉、詹伟兴涉嫌生产销售伪劣产品案提起公诉,同时,针对案件中发现的问题,分别向桐乡市市场监督管理局、桐乡市质量技术监督管理局、桐乡市濮院毛衫市场管理委员会、"花花公子"全国总代理公司广东汉东联合(国际)有限公司发出《检察建议书》。2018年5月,针对本案中反映出来的贴牌加工行业的"成分不符"等乱象,我院濮院检察室联合市场监督管理局、质量技术监督局等,组织濮院毛衫创新园区和桐乡市电商协会等服装生产销售商,开展"诚信在于行,质量在管理"为主题的法律专题讲座活动,具体包括《诚信经营更需良好法治环境》《产品质量要求与职业打假应对》《电商平台虚假宣传、虚假广告的防范与法律后果》等。2018年9月19日,桐乡市人民法院做出一审判决,以生产、销售伪劣产品罪判处被告人施佐华有期徒刑2年9个月,缓刑3年;被告人金定辉有期徒刑2年6个月,缓刑2年10个月,并处罚金20万元;被告人詹伟兴有期徒刑8个月,缓刑1年,并处罚金3万元。

三、办案经验

本案在审查起诉期间,经过2次退回补充侦查,1次延长审查起诉,建议公安机关撤案1人,建议公安机关追加起诉1人,向4个单位或部门发出《检察建议书》4份。在办理本案过程中,充分考虑办案的政治效果、法律效果、社会效果,将"三治"理念融入检察办案,以办案为依托,通过司法办案发现毛衫行业中容易出现的法律问题,以检察建议形式助推濮院毛衫市场实现行业自律。

(一)严格适用法律,树立司法权威

首先,确立罪名,精准定性。因本案所有服装商标标牌上生产商均注明为"嘉兴市华西服饰有限公司",且华西服饰有限公司(以下简称"华西公司")仅提供了委托加工授权证明书,书面载明不包括"批发零售",华西公司、金定辉等人可能涉嫌侵犯注册商标权中"在同一种商品上使用同一种商标"的假冒注册商标行为。为了进一步明确"花花公子"品牌商标授权情况,2018年春节放假前夕,承办检察官专程到广东汉东联合(国际)有限公司调取华西公司"花花公子"品牌商标使用权的授权证书,排除假冒注册商标罪的适用可能。在确认华西公司确有商标使用授权之后,根据案件证据证明的成分不符的事实情况,深入研究生产、销售伪劣产品罪的构罪要件、本案事实和法律的争议焦点,认为应以生产、销售伪劣产品罪追究施佐华、金定辉、詹伟兴的刑事责任。

其次,明确刑事责任主体,控制打击范围。在审查起诉期间,承办人通过阅卷发现,公安机关提请审查起诉的3名犯罪嫌疑人金定辉、詹伟兴、徐承仙并非是结伙作案,而是各自在淘宝开店独自经营,不宜认定为共同犯罪。徐承仙涉案金额未达到5万元的追诉标准,参与程度低,于是建议公安机关撤回起诉。公安机关在我院退回补充侦查期间,对徐承仙做出了撤案处理。另查明,施佐华作为华西公司代理商,有共同犯罪嫌疑。根据金定辉、詹伟兴等人供述,其销售伪劣的"花花公子"服装来源于毛衫市场的白坯服装,成分标来源于濮院辅料市场,而绣标加工是施佐华联系在小加工作坊完成的。于是建议公安机关继续取证,公安机关在退回补充侦查期间,补充提供了成分标的加工人员对施佐华参与成分标绣标加工的证人的证言,进一步锁定施佐华参与生产销售伪劣产品的证据之后,我院向桐乡市公安局发出《补充移送起诉通知书》,成功追诉漏犯施佐华。

最后,综合多种证据,确定销售数额。本案中金定辉、詹伟兴销售伪劣产品持续时间长,取证面临新难题。针对辩护人提出的,检测结果仅是对扣押在案的服装质量的检测,不能涵盖已销售的服装质量,不能确定已销售部分为伪劣产品,不应计入销售数额的辩护意见,承办人在审查起诉讯问期间,对金定辉、詹伟兴有针对性地讯问,锁定其销售的服装均"贴成分标不经过检测"的主观上放任的故意,结合已扣押的服装成分不符比例占绝大多数的事实,推定其之前已销售部分的成分均不符的事实。再通过金定辉、詹伟兴等人的供述,调取施佐华与金定辉、詹伟兴的支付宝转账记录,结合金定辉、詹伟兴淘宝网店销售记录,从而形成完整证据链来认定销售数额,最终两名犯罪嫌疑人均表示认罪。

(二)走访调研,发现行业问题

在办理本案过程中,承办人多次到濮院毛衫管理委员会、质量技术监督管理局、市场监督管理局、濮院毛衫市场等地走访调研。主要明确以下问题:① 服装质量的检测方法和评价标准;② 贴牌加工成分绣标的监管主体、模式;③ 濮院羊毛衫市场成分绣标加工模式;④ 目前市场上白坯服装有无成分绣标;⑤ 辅料店内购买成分标或者成分绣标加工是否需要提供检测;⑥ 电商销售的服装质量监管模式;⑦ 成分不符但不影响服装使用性能的判定为伪劣产品,对此服装生产厂家的知晓度、接受度如何。

通过走访调研,我们了解到濮院作为全国最大的集羊毛衫生产加工销售于一体的综合性服装市场,拥有完善的产业链条,吸引了全国各地的生产企业、批发商、渠道商,濮院羊毛衫市场上销售的服装大多数生产于濮院本地。对于服装质量的监测,主要依据《中华人民共和国产品质量法》中"谁生产、谁负责"的原则,依赖于行业从业人员自律,同时质量监督管理部门对市场服装进行定时抽查检测,工商管理部门对流通领域的服装质量进行抽查监督。《中华人民共和国产品质量法》第二十六条："产品质量应当符合下列要求：……（三）符合在产品或者其包装上注明采用的产品标准，符合以产品说明、实物样品等方式表明的质量状况。"第三十九条："销售者销售产品……不得以不合格产品冒充合格产品。"所谓合格产品，对于有国家强制性标准的产品来说，是指符合国家的强制性标准；对于没有国家强制性标准的产品来说，是指符合产品或其包装上明确标注所采用的标准。成分不符显然已构成对《中华人民共和国产品质量法》的违反，但在实践层面未得到应有重视。本案发生的原因有以下几点：

首先，电商经营人员质量意识薄弱。近几年随着电子商务的发展，濮院的电商从业人员数量也大量增长，但因入门门槛低，有的经营人员法律意识、质量意识缺失，而且分布散乱，监管部门对电子商务服装质量监管上存在薄弱环节。

其次，贴牌加工作坊管理不善。金定辉、詹伟兴的成分标贴牌均是在施佐华介绍的小加工作坊完成的，有的甚至没有加工资质。加上检测费用成本较高，小型生产加工者无力承担检测费用，销售之前不会主动到质检部门进行成分检测，成分不符的现象时有发生。

再次，企业自身缺乏品牌维护意识。走访的服装加工企业也表示，虽说如实标注成分标是法律规定的服装生产商应尽的义务，但市场上服装成分乱贴的现象仍较为普遍，只要不是大品牌，一般的批发零售消费者不会去关心成分是否相符，这也是导致此类案件数量较少的原因。而一些大的国际品牌，如本案中"花花公子"品牌代理商，在"花花公子"商标吊牌授权使用之时，片面注重商标吊牌的销售数量，不顾及服装质量，没有严格依照其授权合同规定对下级代理商贴牌生产的服装进行质量检测，或者检测范围过窄、频率不高，导致质量控制形同虚设，影响了品牌形象。

最后，民众对"成分不符"认定为伪劣产品的心理接受程度不高。

本案中伪劣产品与常见的以低档产品冒充高档产品诸如黑心棉、劣质棉不同,本案中的施佐华、金定辉、詹伟兴对服装成分不符的事实持有放任心态,是一种放任的故意,其并不关注服装质量好坏。而在日常观念中放任的故意,相比于直接故意,容易被理解为一种"过失",感情上得到广大普通民众的原谅。作为濮院加工生产的服装,仅因为成分标问题被定义为伪劣产品,对于整个濮院羊毛衫产业链的品牌形象造成一定的冲击。还有一种说法,"成分不符"仅构成民事上的欺诈,如动用刑事手段制裁,明显过重。综上原因,无论是政府监管方面还是企业自身方面,抑或是民众方面对"成分不符"的危害认识不足,都是诱发本案的原因。

(三) 打击预防相结合,以法治促进德治

从本案案发多种原因可以看出,消费者对服装成分标注的忽视是客观存在的,但根本原因在于生产经营者的诚信经营意识缺失。经营者对诚信经营重视程度不够,错误地认为成分标签仅是一个小标签,不会影响到服装整体的使用性能。成分标注不实现象的社会危害性如不加以重视,就会逐渐演变成行业潜规则普遍存在,不利于在本地区打造质量标杆,形成地区品牌效应。成分不符的问题可以说是一件不影响服装使用性能的"小事",但也是一件关乎"诚信经营"的大事,不仅是法治问题,更是道德诚信问题。成分标签是消费者选购产品的重要参考依据,与个体健康有着密切关系。电子商务更应把诚信精神带入经营当中,不能因为是"非接触式"销售就仅考虑利润而放弃对产品质量的严格要求。通过本案的办理,就是要促使本地区羊毛衫的生产者和销售者认识到"标注成分不符"的社会危害,进一步规范濮院羊毛衫市场尤其是电子商务市场的贴牌加工生产秩序。打破羊毛衫生产环节成分标签不经检测贴牌加工的行业潜

规则,不能因为消费者对成分标签的漠不关心而免除生产厂家和销售商如实标注的义务。通过本案的办理,检察机关开展"诚信在于行,质量在管理"为主题的法律专题讲座活动,向本地区毛衫行业生产者、经营者传输诚信经营理念。

（四）联合执法部门,以法治促进行业自律

在本案办理过程中,因涉及假冒注册商标、伪劣产品的认定等行政职权,涉及的办案部门包括市场监督管理局、质量技术监督局、羊毛衫市场管理委员会、电商协会、"花花公子"品牌总代理等多个部门和单位,承办人多次深入走访调研,以期解决特定行业质量管理自律问题。先是到质量技术监督局了解案发背后的市场质量监管难题,尤其是对于电商销售的质量监管确实存在难题,后到市场监督管理局了解对于假冒伪劣产品的监管方面的调查、处罚程序等。在多方调研的基础上,召开听证会、诉前会议等听取各方意见。在起诉后,向主管质量单位部门发出《检察建议》,相关职能部门收到后积极出台相应举措,如行业协会出台规范文件对电商行业加强自律,实现以法治促进德治、自治的良好循环。

【作者简介】

冯昌波,男,1985年7月出生,中国政法大学法律硕士,现任桐乡市人民检察院濮院检察室副主任科员。承办刑事案件500余件,在《中国检察官》《公诉人》《上海政法学院学报》《民主与法制周刊》《民主与法制时报》等国家级和省级杂志报纸发表理论调研论文10余篇。

论酒驾案件的特征、原因及其防治

——以桐乡为例

周艳萍

自2010年《刑法修正案(八)》将"醉驾"入刑之后,公安机关大力查处"醉驾"案件,根据统计,2014年至今,桐乡检察院(以下简称"我院")共受理"醉驾"类危险驾驶案件1 447件/1 447人,根据不同的年度细化,发现每年"醉驾"的人数呈上升趋势,亟待重视。"醉驾"类危险驾驶案高发,严重威胁到人民群众的生命、财产安全和社会管理秩序,必须引起社会各界高度重视,而事后的惩罚或者教育都是亡羊补牢,造成的生命财产损失已经无可挽回,因此预防"酒驾"是本文思考的重点,通过分析当前"醉驾"案件呈现的特点和发生的原因,探讨预防和减少"酒驾"案件发生的对策,维护社会的和谐稳定。

一、"醉驾"案件的基本特征

(一) 案件数量方面的特征

(1) 案件数量呈上升趋势:2014 年办理 268 件,2015 年办理 259 件,2016 年办理 328 件,2017 年办理 425 件。

(2) 在各类犯罪中比例较高:2014—2017 年间,我院共计办理案件 6 521 件/9 274 人,其中涉嫌盗窃 2 566 人,涉嫌危险驾驶 1 447 人,涉嫌诈骗 743 人,涉嫌赌博 550 人,涉嫌故意伤害 520 人,其他类型犯罪涉案人数更少,"醉驾"类危险驾驶案件已经成为第二大类型的案件,超过诈骗、赌博这种传统的大类型犯罪。

(二) 犯罪嫌疑人方面的特征

(1) 嘉兴本地人员比例高:上述统计数据中涉嫌危险驾驶的 1 447 人里面有 808 人是浙江嘉兴地区户籍,涉嫌危险驾驶是本地人口犯罪比重最大的罪名。

(2) 犯罪嫌疑人文化水平较低:根据统计,这 1 447 人中初中及以下文化程度的犯罪嫌疑人有 1 059 人。

(3) 党员人数超过其他犯罪类型:根据不完全统计,这 1 447 人中有 20 人是中共党员,相比其他类型(除职务犯罪案件外)比例较高,不乏政府机关、银行等工作人员。

二、当前"醉驾"类危险驾驶案高发的原因分析

(一) 传统酒文化影响深刻

我国的酒文化源远流长,至今已有数千年的历史,自"醉驾"被纳

入刑罚后,"喝酒不开车,开车不喝酒"的观念增强了,但酒文化依然盛行,所谓"无酒不成席","感情深,一口闷,感情浅,舔一舔",亲朋相见少不了酒,红白喜事少不了酒,欢度佳节更少不了酒,人们往往把喝酒作为调节气氛和增进感情的良方。请客者唯恐喝酒不尽兴,想方设法派酒、劝酒,一些机动车驾驶员自控能力差,喝酒时又好强,于是把醉酒驾驶的后果忘到了九霄云外。

(二)法制观念淡薄,侥幸心理作祟

危险驾驶案犯罪主体大多没有固定工作单位,文化程度普遍较低,对事物的认知能力较差,接受普法教育的机会也很少,因而对交通法规和刑法知之甚少,虽然在电视或者广告牌上看到过"拒绝酒驾"的宣传,但在"只是喝点酒,又没有发生交通事故,不至于要判刑"或者"只有几分钟的路程,应该不会被查到"等心理驱使下,安全意识完全被抛于脑后,眨眼间发生事故而引发危险驾驶案。

(三)查处方式太单一,处罚威慑力不够

一方面排查范围窄,设卡查处点少,只有定点查处,没有分散查处,查处点主要集中在交通要道地段,没有分散到饭店、酒楼和酒吧等地;另一方面排查的频率低,一个月才查1—2次,而且排查时间基本固定。以上两方面原因的存在,容易让机动车驾驶员钻空子,事先知道交警查处酒驾的是交通要道地段,就避开交通要道,开车走小巷,或避开这个时间段,规避检查。因此这种查处方式在某一时期虽然起到了一定的震慑作用,醉酒驾驶案确实有所减少,但久而久之,机动车驾驶员知道"套路"后,这种查处方式就形同虚设了,而且更加助长了驾驶员能侥幸逃避处罚的心理。

（四）处罚轻刑化，犯罪成本较低

"醉驾入刑"刚实行时，交警对醉酒驾驶员大多采取拘留措施，并且处刑也相对较重，虽然"醉驾"类危险驾驶案件的法定刑就是拘役6个月以下，但前期判处拘役实刑的比例较高。近两年来由于羁押场所的压力及上级对于醉驾处罚的态度，采取拘留措施的极少，而多采取取保候审。法院对危险驾驶案的处罚也比较轻，判处实刑的酒精浓度或情节标准越来越高，导致绝大多数被告人都是判拘役缓刑，并处罚金，大部分的案件被不起诉处理，2014—2017年间的1 273件危险驾驶案件中，共有167件被不起诉处理。没有失去人身自由的处罚对驾驶员的震慑是隔靴搔痒，从而助长了驾驶员"只要少喝一点，不会被判刑"的侥幸心理，导致"醉驾"类危险驾驶案有增无减。

三、"酒驾"法治宣传的必要性及有效性

危险驾驶是一种危害不特定多数人的人身财产安全的行为，极易发生交通事故或者其他恶性事件。酒后驾驶的驾驶人，一般都会产生一种害怕的心理，他们既害怕被交警查到而受到处罚，又害怕因头脑不清酿成交通事故，由于过分的担心会造成精力上的分散，导致注意力不能很好地集中到驾车行驶上来，这时一旦遇到突发情况，就不能及时有效地加以控制，给交通事故留下隐患。酒后驾驶酿成交通事故后，会给当事人双方直接造成伤害。一方面，被害人要遭受人身或者财产的损失，另一方面，因涉及酒驾，保险公司不予赔偿，肇事者必须自行承担赔偿，产生较大的经济压力。因此无论从减少交通事故发生频率方面还是从保护机动车驾驶员个人方面都应加大"酒

驾"危害性的宣传。

"醉驾"入刑后,司法机关及宣传部门以文明标语、视频广告、典型案例等各种方式对"酒驾"的危害进行宣传,但"酒驾"仍然高发,可见宣传效果并不理想。

"醉驾"的犯罪嫌疑人其实都知道"酒后不能开车"的规定,但仍然以身试法,一方面是思想上不重视,另一方面是犯罪成本太低,更重要的是社会大众对"酒驾"的参与度和道德要求较低,因此单纯的普法宣传尚不能达到很好的预防和减少"醉驾"犯罪的效果。根据上述分析的酒驾案件的特点,"酒驾"犯罪嫌疑人大部分还是文化水平较低并且来自基层的本地居民,因此我们的宣传重点还是应该放在基层,利用基层自治组织的自治活力,通过引导基层组织、社会组织和公民个人有序参与普法宣传,将自治和法治有序地结合起来,进一步提升群众自我教育、自我监督和互相教育、互相监督的水平;通过德治扬正气,强化社会主义核心价值观引领,切实发挥德治在社会治理中的基础作用,着力预防和减少犯罪。

四、"酒驾"案件防治措施

(一)开展"拒绝酒驾"宣传进校园

以往我们宣传"酒驾"案件的对象大多针对成年人或者驾驶员,宣传的地点也大都在广场等聚集地,但是笔者认为可以将宣传地点扩大到校园,将学校师生、家长一起作为宣传对象,通过普法宣传进校园等活动将"酒驾"案件的违法后果、社会危害以案例资料、现场图片、现场模拟等的方式更直观地展现出来。虽然学生群体并不会成为危险驾驶犯罪的嫌疑人,但他们在与家长、老师共同学习和接受法制教育后是监督家长、老师的好帮手,家长、老师在教育孩子的过程中也会更加注意自身行为对孩子的影响,更好地约束家长、老师,让更多的人真正做到"拒绝酒驾",给孩子起到良好的榜样作用,长此以往,"拒绝酒驾"的认识就能够更加深入人心。

(二) 开展微电影展播

2016年以来,桐乡市不断深化法律顾问体系建设,通过组团式法律服务,实现保障机制、运行机制、服务机制的"三联动",为推进"法治桐乡"建设奠定了良好的法治基础。目前,全市政府组成部门法律顾问聘请率达100%,镇(街道)法律顾问聘请率达100%。全市建有法律服务团100个,市、镇、村三级法律服务团普及率达100%。一方面,法律服务团以服务对象村或社区的文化礼堂为载体,深入基层,展播本院拍摄的微电影《酒·醒》。以往的普法宣传多是宣传册、宣传画等静态的宣传模式,通过展播微电影,可以让群众接受全新的普法宣传模式。另一方面,利用街头、广场上的LED大屏滚动播出微电影等宣传视频,让群众在日常的娱乐放松过程中接受普法教育。

(三) 开展预防"酒驾"专题宣传

我院蒲公英普法宣讲团成立以来,进行了"预防校园霸凌""预防性侵""预防非法集资诈骗""毒品危害"等多个主题的普法宣传活动,可以在此品牌下进行预防"酒驾"蒲公英精准普法专题,统一制作宣讲课件,与法律服务团结对的村、社区联系,立足基层农村工作会议,每位团长每年至少开展1次以拒绝"酒驾"为主题的法治宣传。

(四) 开展联合宣传活动

加强与车管所、驾校的联系,在报考驾驶证学习期间,增加有关预防"酒驾"的宣传内容,同时充分利用驾驶员"满分教育"和"审验教育"两次再教育的有利时机,与学员逐人签订"珍爱生命 拒绝酒驾"承诺书,从源头上加深驾驶员对"酒驾"的危害认识。同时与交警大队、代驾公司深度合作,在餐桌上推出"一桌一提示卡",内容为"开车不饮酒,饮酒不开车""拒绝酒驾,从我做起"等,张贴在各酒店饭店、娱乐场所,并要求服务人员主动劝诫消费者拒绝酒后驾驶,并对不听劝阻者进行举报,联手交警大队、代驾公司、餐饮企业进行全方位的宣传,同时联合交警部门加大查处力度,提高处罚的威慑力。

(五)形成一套对危险驾驶案件集中宣布不起诉决定的自选流程

对危险驾驶案件作出不起诉决定的案件,以 10—15 人为单位进行集中宣布不起诉决定,在宣布决定前,发放拒绝"酒驾"宣传资料,播放一部微电影《酒·醒》,进行一次预防酒驾微课堂,签订一份承诺书,形成一套集中宣布不起诉决定的必经程序,提升以案释法的实效。

【作者简介】

周艳萍,女,1986 年 5 月出生,毕业于宁波大学法学专业,现任桐乡市人民检察院公诉部副主任。从事检察工作 10 年,在公诉科、侦查监督科工作 8 年多,共计承办了 1 000 余件审查逮捕、审查起诉案件,并结合工作实践撰写过多篇理论研究文章。2010 年被评为桐乡市政法系统"十佳"女干警,2013 年获中共桐乡市委嘉奖一次,2018 年荣立个人三等功。

守望迷途少年回归社会 呵护未成年人健康成长

——桐乡未检这8年

凌哲婕

2011年11月,桐乡检察院(以下简称"我院")成立了嘉兴地区首个未成年人刑事检察科,由专人负责,"一竿子到底",全程跟踪和掌握未成年人案件情况与思想状况,集中精力落实帮教措施。8年来,我院坚持以未成年人保护性司法为引领,以专业化、规范化、社会化建设为主线,以"捕、诉、监、防一体化"为方向,聚焦涉罪未成年人教育感化挽救、未成年被害人保护救助、未成年人犯罪预防三大履职重点,最大限度促进未成年人社会治理体系法治化、现代化。

一、谦抑宽容,挽救涉罪未成年人

我院将谦抑宽容的司法理念、少捕慎诉少监禁的基本要求贯穿办案始终,最大限度提升未成年人教育感化挽救成效。

(一) 建立社会调查工作机制

与桐乡市司法局共同制定《关于办理未成年人刑事犯罪案件社会调查的实施意见》,明确规定对被取保候审的本地籍未成年人的社会调查,委托户籍所在地司法所进行,就未成年人的性格特点、生活环境、社会关系、家庭支持系统、悔罪表现、监护人监护能力进行全面调查,并形成全面细致的调查报告。由检察官结合调查报告,依据案件基本情况综合审查决定是否提起公诉,同时制定具体帮教方案。

(二) 建立人格甄别工作机制

我院制定出台《涉案未成年人人格甄别实施办法(试行)》,对涉罪未成年人进行品格调查和心理评估形成人格甄别报告,作为量刑定罪的重要参考。例如,在办理小张盗窃案时发现,案发前小张被家人带去医院接受心理矫治,但小张不配合治疗并离家出走,后结伙他人实施盗窃。检察官认为小张实施犯罪可能与不良心理状态有关,我院立即启动人格甄别程序,对其进行心理测试,经专业诊断小张为精神发育迟滞(轻度)。在综合评估和矫治的基础上,对小张作出附条件不起诉,考察期为 6 个月。

(三) 落实未成年人特殊保护制度

坚持未成年人刑事案件办理特殊程序规定,不断完善法律援助、合适成年人到场、未成年人犯罪记录封存以及附条件不起诉等特殊程序。2015 年以来,我院依法开展对未成年犯罪嫌疑人法律援助 257 人次、未成年被害人法律援助 5 人次、听取辩护人意见 281 人次、合适成年人和法定代理人到场 336 人次、开展社会调查 35 人次,依法对符合条件的 248 名未成年人的犯罪记录予以封存。

二、刚柔并济,保护未成年人被害人

(一) 建立专人专办机制

联合公安、法院出台《未成年人刑事案件专人专办机制》,各自选配熟悉未成年人身心特点、善做思想工作、办案经验丰富的专人负责办理未成年人刑事案件,有针对性地加强释法、析理、讲情。健全亲和讯问与被害人隐私权特殊保护机制,不穿制服、不驾警车前往被害人住所、学校取证。同时,建立未成年人刑事案件专办微信群,随时加强沟通衔接,指导梧桐、崇福、乌镇等5个派出所设立"一站式询问"办案区,规范侦查机关对性侵案件的办理。2018年以来,已提前介入性侵案件被害人询问8人,最大限度避免反复询问给被害人造成的二次伤害。

(二) 建立心理干预机制

联合桐乡市法院出台《涉案未成年人心理干预工作实施办法(试行)》,聘任嘉兴市康慈医院的心理专家对未成年人开展心理矫治,同时与教育局进行对接,在心理老师名单中选拔建立一支专门队伍,为检察办案过程中的心理干预、疏导、评估提供专业帮助。截至目前,接受心理干预的未成年嫌疑人和被害人10人,开展心理疏导40余次,团体心理疏导1次16人。例如,在办理张某某被性侵一案时发现,案发后,张某某出现不爱上学等不良情绪,在征求张某某家属同意后,联系康慈医院的心理医生对张某某进行心理疏导,经过多次疏导后,张某某性格逐渐开朗起来。

(三) 全方位救助未成年被害人

在严厉打击侵害未成年人犯罪的同时,积极构建综合化司法救助体系,全方位维护未成年被害人权益。加强被害人监护干预,通过支持撤销监护权、启动监护"补位"等法律手段,积极保障未成年人得到更好监护。目前,已经办理支持撤销监护权 2 起案件,启动未成年人监护缺失权益保障程序 1 件。例如,在办理犯罪嫌疑人陈某某交通肇事罪案件中,发现被害人计某某因该事故抢救无效死亡,导致家庭遭受极大冲击且存在监护缺失在校未成年人,确定由被害人姐姐(即未成年人姑姑)作为监护人,全力保障监护缺失未成年人的合法权益。加强经济救助,对于遭受犯罪侵害而陷入经济困境的被害人,会同司法行政机关开展司法救助,2017 年开展法律援助 66 人次。例如,我院在办理一起尹某某强奸亲生女儿案时发现,尹某某被判刑后,尹某某的妻子以及一双儿女没有生活来源,我院为其申请了 3 万元的司法救助款。

三、源头治理,预防未成年人犯罪

(一) 加强多部门协作

2016 年 9 月,我院会同桐乡市教育局出台"检教共建"协作机制。建立未成年人权益保护检察监督信息平台,及时了解在校生存在的倾向性、苗头性问题,做到早发现、早处理;建立共同观护帮教机制,根据行为偏差在校学生的社会调查情况,共同及时制定切实可行的帮教方案以及共同做好被害人身体康复、心理疏导、法律援助、司法救助等工作。2018 年 9 月由我院和团市委共同向桐乡市凡星青少年社工事务所购买服务,由专业社工对部分犯罪情节较轻的本地或外来未成年人通过开展日常教育考察、建立帮教档案、参与公益活动等个性化服务,最终促进涉罪未成年人重新回归家庭社会,预防重新违法犯罪。截至目前,已有4名外地籍未成年人在附条件不起诉考验期内由专业社工进行结对帮教。

(二)发挥校园预防主阵地作用

全面落实"谁执法谁普法"的普法责任制,整合原有的法治副校长、非公讲师团等普法力量,组建成立本院35周岁以下全员参与的蒲公英法律宣讲团。自成立以来,该普法团队每年确立"普法清单"、夯实责任基础、明确普法主题,采用法律微课堂、案件速递、"走出去"普法、庭审法制宣讲等多种形式,以案说法、精准普法。2018年,持续开展"了解内衣规则""拒绝校园欺凌""健康上网"等主题法治进校园活动,已在全市40多所中小学校开展专项巡讲普法,参与中小学学生12 000人。

(三)构建检民互动长效机制

加强检民、检媒互动,传播未检声音,营造良好舆论环境。依托"两微一端"平台,以卡通动漫、微电影等方式立体化、多元化宣传未检工作和典型案例,增进社会对未检工作的理解支持,提升人民满意度。积极开展检察开放日等活动,邀请中小学学生及其家长来院参观检察办案工作区、蒲公英工作室等,共筑检察、学校、家庭三位一体共同预防未成年人犯罪。我院已组织"大手拉小手,萌娃进检察院""检察官和你一起过端午"等主题活动,收到良好效果。

【作者简介】

凌哲婕,女,1985年3月出生,毕业于南京财经大学红山学院法学专业,现任市纪委派驻桐乡市人民检察院纪检监察组科员。公开发表理论研究文章多篇。

以"三治"理念为指导
切实化解矛盾纠纷

李成成 姚晓红

当前,我国的改革发展正处于关键时期,这既是一个"黄金发展期",又是一个"矛盾凸显期"。面对新时期社会矛盾的新情况,检察机关深入研究社会矛盾的特征和成因,积极探讨防范和化解社会矛盾的工作机制,对于维护社会政治稳定,构建社会主义和谐社会具有重要的意义。

一、当前检察机关面临的社会矛盾主要特征

在我国改革开放不断深入和政治经济体制发生深刻变革的大背景下,社会矛盾呈现出多样性和复杂性。社会矛盾已成为影响改革、

发展、稳定大局不可忽视的重要因素。检察机关担负着维护社会公平正义的神圣职责,不可避免地面临着各种错综复杂的社会矛盾,主要表现在:

(一) 刑事犯罪居高不下

犯罪活动是一种严重的社会矛盾,是"蔑视社会秩序最明显最极端的表现",对社会稳定的消极影响直接而又相当突出。当前,刑事犯罪人数有所上升,就桐乡市检察院受理公安机关提请批捕的刑事案件看,2015年有627件,2016年有699件,2017年有787件;犯罪低龄化倾向突出,未成年人犯罪所占比例越来越大;犯罪主体主要是没有固定职业的社会闲散人员、流窜作案人员以及外来务工人员;犯罪类型主要集中在侵财型犯罪、暴力犯罪,尤其是盗窃、抢劫、故意伤害等犯罪呈逐年上升趋势;犯罪手段科技化含量不断提高,结伙、团伙犯罪比例增大,电信网络诈骗呈爆炸式增长。

(二) 信访诉求持续攀升

随着社会经济、文化的快速发展,社会利益格局的大规模调整,大量的社会矛盾以信访诉求的形式涌入司法领域。从近年来桐乡市检察院受理的信访案件看,主要呈现出3个特征:一是群体性。上访人数较多、规模较大,说理劝返工作难度大。二是突发性。因交通、医疗、安全生产等突发性事件,当事人认为处理结果不合自己要求,就通过上访制造影响,以期达到实现愿望的目的。三是组织性。为了争取共同的利益,有目的、有组织地采取上访行为。四是非管辖性。从受理的信访案件上看,有一半以上不属于检察机关管辖,其中缘由是有些群众相信检察机关,也有的是不懂法律盲目投诉。五是非正当性。一些信访者以使用暴力、到省进京、越级集体访作为向地方党委、政府施压的重要手段,干扰政府的正常工作秩序,甚至作为获取不合理、不合法利益的手段,违背了我国的信访制度。

(三)群体性事件频繁发生

目前,在免除各种税费、实施种粮补贴的情况下,我国农民维权的利益诉求呈现出多元化、复杂化态势,"集体暴力抗争"正日益突出。较其他维权方式而言,"集体暴力抗争"的破坏性更强、后果更严重。可以说,群体性事件"在很多地方已成为影响社会稳定的第一位的问题"。引发非法群体性事件的原因复杂多样,但其中干群关系紧张、劳资关系紧张,群众的合法权益和利益诉求得不到保护是其中非常普遍的诱因。

二、社会矛盾形成的主要原因

社会矛盾产生的原因是多方面的,从深层次分析,存在以下共性的体制性、社会性原因:

(一)利益分化不当

社会利益分化不当使利益分配的不公平现象增多,引起部分社会成员的不满,导致社会关系紧张,利益矛盾和冲突加剧。在利益分化过程中,一些利益受损的社会成员和群体超越法律规范,以不理智的行为表达利益需求,由此诱发了犯罪行为,突出表现在一些自身利益得不到满足的利益主体互相效仿,不惜采取抢劫、盗窃、诈骗等犯罪手段来获取利益,最终导致犯罪猖獗,社会治安恶化,引发大量的社会矛盾。

(二)法治建设滞后

我国民主制度还处在发展阶段,依托民主制度化解社会矛盾的途径、方式和方法还没有成熟,造成部分地区政群、党群关系紧张,群体性事件频繁发生。同时,我国各项法律制度、规则正逐步制定和完善,一些领域还存在法律上的"空白",难以有效预防和化解人民内部矛盾。又因为法治建设的滞后,一部分群众的法制意识淡薄,依法维权意识较差,难以适应建设民主法治社会的要求,具体表现为利益诉求方法不当,行为过激,如部分上访群众不听取政府有关部门政策解释,不断采取缠访的形式无理取闹,扰乱了正常的社会秩序和机关工作秩序。

(三)化解机制不完善

法治建设的深入发展,使社会矛盾纠纷当事人的意思自治程度越来越高,这就决定了国家司法权应当尽可能少地介入矛盾纠纷。也就是说,化解矛盾纠纷,除了诉讼方式外,更多的需要非诉讼调解机制,通过基层人民调解、行政调解、行业调解、仲裁等多种方式来解决各种社会矛盾纠纷。但当前的种种因素影响了非诉讼调解机制的发展和运用。国家将主要资源集中配置于司法机关和正式的诉讼程序,对其他纠纷解决方式的制度建设重视不足,投入相对薄弱,导致民间解决纠纷的效力低下,能力退化;加上群众对非诉讼纠纷解决机制的功能、程序和优点不够了解,造成非诉讼调解机制应用少;化解社会矛盾纠纷的各种方式之间、诉讼和非诉讼解决方式之间没有形成规范有效的衔接。

三、"三治"理念下化解矛盾纠纷的新途径

检察机关要想化解社会矛盾,在构建和谐社会中实现自身价值,最重要的是立足本职,合理运用法律和政策手段,既要确保法律效果又要兼顾社会效果,既要科学定位检察职责,又要严格把握化解矛盾的原则,不断提高化解矛盾的能力,寻求最佳方式和效果。近年来,桐乡市检察院积极实践"三治融合"建设,加强检察环节预防和化解社会矛盾,积极参与乡村社会治理,此项工作已初显成效。

(一)立足检察职能,化解社会矛盾纠纷

执法办案本身就是解决矛盾纠纷、协调利益关系的工作,是检察机关推进社会矛盾化解的首要任务和基本途径。因此,检察机关要把化解矛盾纠纷贯穿于执法办案的始终。

1. 积极落实宽严相济刑事政策

刑事犯罪是严重的社会矛盾,必然要对其依法严厉打击,维护社会稳定,但更重要的是要运用宽严相济刑事政策,减少社会对抗,使由犯罪引起的各种矛盾得以化解和处理。桐乡市检察院坚持少捕慎诉,避免办案中产生新的矛盾,最大限度降低办案的"负产出"。5年来,对不构成犯罪、证据不足或者无逮捕必要的,依法不予批捕1 398人,不捕率由5年前的12.07%上升至30.3%;对主观恶性不大、初犯、偶犯、适用刑事和解程序等依法不需要判处刑罚或者免除刑罚的,作出不起诉决定572人,不起诉率由5年前的3.23%上升至11.5%。同时还制定出台了《捕后刑事和解实施办法》,针对轻微刑事案件、过失犯罪案件以及轻微的财产刑案件,在双方自愿的基础上,由桐乡市检察院主持双方进行和解,和解成功的,及时启动对犯

罪嫌疑人的羁押必要性审查工作,为社会关系修复留出空间。2017年以来,桐乡市检察院已经主持刑事和解9件,全部成功办理羁押必要性审查。桐乡市检察院未检部门在执法办案中加强对青少年群体的教育保护工作,针对未成年人心智发育不成熟、可塑性大的典型特点,未检部门已建立集批捕、起诉、庭审、判后帮教和回访等环节为一体的"一条龙"式的心理辅导和法制教育机制,帮助未成年人重塑道德理念、培养法律意识,尽量减少未成年人重新犯罪的现象发生。

2. 加强诉讼活动的法律监督

诉讼监督工作是化解社会矛盾的有效途径,近年来桐乡市检察院以人民群众关注的民生问题为工作重点,加大对执法不严、司法不公、司法腐败问题查处力度,做到敢于监督、善于监督、依法监督、规范监督,促进严格执法和公正司法,切实保障人民合法权益,努力满足人民群众对司法公正的需求。为此,桐乡市检察院与各行政机关联合建立了"两法衔接平台",积极完善刑事司法与行政执法执纪有效衔接的工作制度。正确处理协调配合与监督制约的关系,既认真履行职责,依法监督纠正执法司法中的问题,又注意方式方法,加强与有关部门的沟通协调,共同维护司法公正和法制权威。

3. 建立处理诉求协作机制

桐乡市检察院在执法办案过程中定期分析社会稳定形势,及时掌握突出的社会矛盾,采取有效的应对措施,消除不稳定因素;对存在不稳定因素的重大、疑难、缠访、久诉不息的案件进行预测研判,为地方党委、政府决策服务,并根据风险程度,设置预警级别,多措并举,分类处置。在控告申诉中注重发现不稳定因素,及时制定相应的方案,未雨绸缪,将矛盾化解在萌芽状态。桐乡市检察院联合市司法局制定出台《关于律师参与化解和代理涉法涉诉信访案件的实施办法(试行)》,向不服检察机关处理决定重访、缠访、闹访的或者信访人明确要求律师参与的等7类案件引入律师化解和代理信访申诉,充分发挥律师作为第三方的积极作用,支持群众理性表达诉求,努力化解社会矛盾,实现涉检信访赴省进京"零上访"。桐乡市检察院与市司法局联合开展社区矫正监督工作,为基层群防群治打下良好基础。2018年3月,通过同步视频直播对全市400多名社区矫正人员进行了集中教育,并对已经受到两次警告的10余名重点社区矫正人员进行了训诫。

(二) 延伸检察服务,助推基层依法办事

1. 广泛征求意见建议

2018年年初,桐乡市检察院将全面打造"三治融合"检察版工作作为当年的创新重点工作,明确工作专班,由院领导带队走访全市11个镇街道43个行政村(社区)开展检察机关服务"三治融合"专题调研,广泛听取和了解各行政村(社区)推进"三治融合"等乡村治理中对检察机关的新需求。

2. 引导人民群众有序参与司法

对部分捕与不捕、诉与不诉存在较大分歧的案件,积极探索司法办案公开审查工作机制,邀请嫌疑人家属、所在村委会代表等人参与司法办案,公开听取他们的意见建议,增强司法办案的透明度,促进社会矛盾化解,提升司法办案效果。例如,桐乡市检察院在办理冯某某涉嫌交通肇事一案审查是否具有逮捕必要性时,邀请嫌疑人所在村委会代表等进行公开听证,在充分听取各方代表意见后,综合案情对犯罪嫌疑人冯某某作出不批准逮捕决定,取得了良好的社会效果。

3. 建立健全便民利民机制

全面落实"最多跑一次"工作要求,明确对案件程序性信息查询等6类事项"最多跑一次",方便基层上门依法办事。2017年以来,桐

乡市检察院开展了"一封信"专项活动,通过主动向案件当事人及其家属随案寄送"一封信"的方式,推介桐乡检察微信公众号,实现了当事人及其家属与检察机关的双向互动。桐乡市检察院专门组成了网上接待小组,对网民的咨询进行一一回复,及时告知案件进展情况,解答法律疑难困惑,努力引导涉案当事人及其身边人遇事找法的良好法治秩序。该活动推行1年来,桐乡检察微信共收到法律咨询1 000余人次。

(三)落实普法责任制,提升农村法治素养

1. 加强对社会公众的普法教育

以"互联网+检察"为工作"发力点",充分利用新媒体矩阵,设立重大"案件发布""蒲公英法律微课堂"等普法专栏,及时发布社会普遍关注的案件办理情况,加大对社会大众的普法力度。目前,已发布专题普法工作动态50余条,累计阅读量已超过3万次。2017年,桐乡市检察院在办理"易乾宁"非法集资案时,连续推送《打击非法集资告民书》系列博文5期,组织新闻发言人和北大法学教授开展电视普法,促使1 500余名投资者认清利害关系,提高防范意识,拒绝高利诱惑。

2. 注重对涉案当事人的释法说理

在办案过程中,针对类型案件的普遍特点,通过现身说法等形式,对涉案当事人进行普法宣传教育,及时解疑释惑。桐乡市检察院在办理危险驾驶案件时,要求相对不诉人上街进行现身说法,拍摄《酒·醒》微电影,促使案件当事人真诚悔过,不断提升公众法律意识。在监察体制改革后,桐乡市检察院及时对原自侦办案区进行了改造,增加了普法宣传功能区,将办案区升级为集办案与法治教育为一体的法治教育基地。2017年以来,共对1 000多名取保候审的犯罪嫌疑人进行了释法说理。

3. 突出对乡村的法律宣传

积极参与三级法律服务团建设,选派23名员额检察官担任法律服务团团长或成员,着力做好基层公共法律服务工作。建立健全蒲公英精准普法团队,提供"宣讲清单＋内容定制"的"你点我讲""1＋1"法律服务。联合市法院在濮院毛衫创新园设立法律服务工作点,每月定期驻点服务,上门为园区内百余家小微企业提供法律咨询。先后前往安徽商会、双箭集团等10多家企业、商会开展法律知识宣讲服务。

2018年以来,结合"六场战役",收集整理了在出租房内刑事犯罪的典型案例,编制宣传手册,已向基层村、社区发放3 000余册。与市教育局制定《关于组织开展"内衣规则"、"反校园欺凌"、"健康上网"三大主题的校园巡讲活动方案》,紧密结合学生身心特点精选案例,重点对农村和新居民中小学开展法律巡讲,不断提升基层青少年普法的针对性和有效性。全市共预约讲课学校34所,其中农村和新居民中小学29所,目前已经前往10所中小学校巡讲,授课中小学生超过1 500余名。

【作者简介】

李成成,男,1990年2月出生,西北政法大学法律硕士,现任桐乡市人民检察院民事行政与控告申诉部检察官助理。

姚晓红,女,1983年9月出生,毕业于宁波大学法学专业,现任桐乡市人民检察院检察委员会委员、民事行政与控告申诉部主任。

发挥"三治融合"在预防交通肇事案件方面作用的一点思考

——以近3年桐乡市交通肇事致人死亡的调研情况为样本

方旭阳　陶李盈　肖淑芳

摘　要：随着汽车保有量的不断上升，交通肇事致人死亡的数量也呈逐年上升趋势，交通肇事导致的非正常死亡正在成为危害人民群众生命健康的重要危险因素，如何降低交通肇事的死亡率、保障人民群众的生命财产安全，成为人们不得不深思的问题。本文通过调研，分析近年来桐乡市交通肇事的相关数据、影响交通肇事致人死亡的各类原因，结合"三治融合"提出降低交通肇事致人死亡的风险的建议。

关键词：交通肇事　死亡　"三治融合"

随着经济社会的发展，汽车等机动交通工具越来越普及，但随之而来的是交通肇事致人死亡的数量呈逐年上升态势。交通肇事致人死亡已经成为非正常死亡的首要原因,一起交通肇事案件往往带来两个家庭的破碎,同时也导致社会不稳定因素的增加。本文通过对近3年来桐乡市交通肇事致人死亡的数据调研,分析其中的原因,并结合"三治融合"的基层社会治理理念,提出降低交通肇事发生率,预防交通肇事,化解社会矛盾的建议。

一、近3年桐乡市交通肇事致人死亡案件的调研数据分析

(一)交通肇事案件总体呈上升态势

2016—2018年上半年,桐乡市交通肇事致人死亡的案件为365起,交通肇事致人死亡的人数为358人,涉嫌交通肇事罪的人数为190人。其中2016年交通肇事致人死亡的数量为134人,涉嫌交通肇事罪的人数为77人;2017年交通肇事致人死亡的数量为165人,涉嫌交通肇事罪的人数为83人;2018年上半年交通肇事致人死亡的数量为59人,涉嫌交通肇事罪的人数为30人。近3年的数据呈现出的结果是一目了然的,交通肇事致人死亡人数居高不下,2016—2017年呈上升趋势,上升幅度为23.1%,涉嫌交通肇事罪的人数同样呈上升趋势,上升幅度为7.8%。

(二)交通肇事致人死亡主次责任分析

笔者通过对2016—2018年桐乡市交通肇事致人死亡的365起案件进行分析,发现其中涉嫌交通肇事罪的案件共190起,不涉及交通肇事罪的案件共175起。根据刑法交通肇事的规定,死亡1人以上,

负事故全部或主要责任的才涉嫌交通肇事罪,其余的 7 种情形中除了死亡 3 人,肇事者负事故同等责任,其余都需要负主要责任或全部责任才能认定。由此可见不涉及交通肇事罪致人死亡的 175 起事故中,被害人对事故至少承担了同等责任或主要责任。

(三) 肇事双方的基本情况分析

通过对交通肇事双方的基本情况进行分析,笔者发现以下特点:

(1) 文化程度方面。2016—2018 年桐乡市发生的 365 起交通肇事致人死亡案件中,肇事双方的文化程度均偏低,大部分都是初中以下文化程度,这部分人的交通规则意识较差。

(2) 年龄方面。从近 3 年的统计数据来看,肇事方的年龄主要在 40—70 岁之间,被害方的年龄主要在 40—75 岁,可见交通肇事双方以中老年人为主,这也印证了第一点,交通事故多发生在文化程度较低的人中。

(3) 性别方面。肇事方男女人数分别为 291 人和 42 人,男女性别为 6.9:1,可见男性驾驶员在驾驶过程中不如女性谨慎,交通肇事率较高。

(四) 逃逸认定交通肇事的案件数据

2016—2018 年桐乡市发生的 365 起交通肇事致人死亡案件中,发生逃逸的总共有 12 起,因逃逸负事故主要责任的有 11 起。从以上数据可以发现交通肇事后逃逸是一种极其恶劣的行为,在责任划分上,对交通肇事逃逸一方的责任认定是加重的,只有在对方确实存在过错的前提下才可以适当减轻逃逸方的事故责任,可见交通肇事后逃逸是立法、司法、执法着重打击的行为。

(五) 肇事双方的车辆问题

2016—2018 年桐乡市发生的 365 起交通肇事致人死亡案件中,其中因驾驶汽车发生交通肇事的共 267 起,因驾驶摩托车发生交通肇事的共 24 起,因驾驶电动车发生交通肇事的共 42 起。汽车占交通肇事致人死亡的比重为 73.1%,摩托车为 6.6%,电动车为 11.5%,可见最重要的交通肇事原因还是汽车。

二、交通事故致人死亡高发原因分析

(一) 肇事方的原因分析

(1) 从近 3 年的交通肇事致人死亡事故中,我们发现 40% 的案件中交通肇事方存在不密切注意交通状况的情况。交通肇事方在陈述自己交通肇事的原因时大多数也都承认有疏忽大意的情况,没有尽到审慎的注意义务,因此交通素质的参差不齐是引发事故的最重要因素。在现实生活中开车打电话、看手机的现象比比皆是,进一步提高驾驶员的交通素质迫在眉睫。

(2) 酒后驾驶机动车导致交通肇事也是一个重要的诱因。从近 3 年的交通肇事致人死亡事故中,我们发现饮酒后发生交通事故进而致人死亡的案件也比较多。共有 26 起交通肇事案件中发现肇事方有酒后驾车现象。

(3) 交通肇事后逃逸也是交通肇事致人死亡的原因之一。一般情况下,只有非常猛烈的撞击才可能导致被害人一击致命,更多时候,被害人是因得不到及时的抢救而因流血过多等原因死亡,如果肇事者能够在第一时间采取积极的救助措施,那么很多悲剧是可以较大程度地避免的。但是,一旦肇事者为了躲避法律的制裁,在发生事故后的第一反应是逃逸,那么被害人被他人发现的时候很可能就已经失去了黄金的救援时间。

(4) 无证驾驶是引发交通事故的又一诱因。随着人们生活条件的改善,小汽车、摩托车早已进入千家万户,但是难免存在这样一类人,一方面想体验驾车的快感,一方面却不愿意花时间和金钱去考取相关的驾驶证照。总结起来,主要有以下几种情形:一种是驾驶人自己没有车,也就没有考证的动力,却想方设法地向亲戚朋友借车开;一种是自己买了新车,却尚未考取驾驶证照,抱着侥幸心理上路;还有一种则是曾经有证在手,却因种种原因被吊销了驾驶执照,在没有重新取得驾驶资格前又蠢蠢欲动,成为马路上交通安全的一大隐患。

(5) 超速驾驶同样是交通肇事的重要原因之一。随着城市生活工作节奏的提速,人的心态也变得越来越急躁,"快"成为越来越多人的追求。在较为宽敞的马路或是夜深人静车辆稀少的时候,很多驾驶员不自觉地就会将车速往上提,一方面是追求飙车的快感,一方面也可能是自信一切都在掌握之中。但正所谓"十次肇事九次快",对不同道路的最高速度限制其实是经过周密计算、科学论证的,若是一味盲目追求速度,超速驾驶,那么在真正遇到紧急状况的时候,则很可能会因为车速过快而使车辆惯性增大,制动距离增加,造成相撞或侧翻的严重后果。

(二) 被害方的原因分析

(1) 被害人自身不遵守交通法规是发生交通事故的重要原因。从近 3 年的统计数据可见,在事故的责任认定方面,在相当一部分的事故中被害人也因不遵守交通规则而需承担一部分责任。其实撇开数据,放眼现实生活,电瓶车、行人无视交通法规闯红灯的现象屡见不鲜,此时若是机动车驾驶员思想不集中或是车速过快,悲剧的发生实际上就是大概率事件了。

(2) 被害人缺乏相应的自我保护措施。譬如摩托车驾驶员在驾车的过程中自我保护意识淡薄,没有佩戴安全帽,那么在发生交通事故的时候就很可能因没有安全保障而使头部受到致命撞击致死。又如机动车驾驶员若是缺乏自我保护意识,没有系安全带,那么在发生交通事故的时候则也很可能会因此失去最后的生存机会。

(3) 被害人的文化素质普遍偏低。部分被害人囿于文化素养不高,交通安全意识薄弱,不走斑马线,随意横穿公路,抑或是在明明有供行人行走的专用道的情况下依然习惯走在机动车道上,还有部分被害人因缺乏基本的交通知识,在对一些特殊复杂路段的路况判断上也会出现误判,从而导致悲剧的发生。

(三) 道路交通方面的原因分析

(1) 部分乡镇的道路设计不够合理。受以往的历史和城市发展状况限制,骤增的机动车恐怕并未被纳入城市规划之中,因而乡镇道路较为狭窄,难以区分机动车与非机动车道,更别提划出专门的人行走道了。这也就使得在上下班高峰期时,机动车、非机动车、行人需要共挤一道,争道抢行在所难免,这一无秩序性也就使得发生交通事故的概率大大提升。

(2) 偏远地区的道路基础设施较为落后。由于经济滞后,当地财政紧张,部分偏远地区的道路难以修整维护,在雨雪台风等恶劣天气影响下,往往变得泥泞不堪。若是有车辆经过该路段,由于雨天湿滑,道路的摩擦系数大大降低,此时若是驾驶员再不注意减速慢行,遭遇突发状况,车辆制动距离增加,极易造成难以挽回的严重后果。

(3) 在重要路段未设置相关的警示标志。譬如在一些急转弯路口,亟需提前设置相应的急转弯标志来提醒驾驶员做好准备,若是不做任何提醒或是在邻近转角的地方才设置相关标志,驾驶员很可能因反应不及使车辆冲出车道或是因突然急转导致车辆发生侧翻。

(四) 其他原因分析

(1) 从时间段来看,交通肇事的时间多集中在下午或是晚上。笔者分析,经过大半天或是一整天的工作,此时的驾驶员大多比较疲累,注意力不够集中,容易被周围事物分散,同时反应速度也不如上午敏捷,会略显迟钝。走神加上反应慢这两大弱点综合作用,使得驾驶员在此时遭遇突发状况时更容易发生交通事故。

(2) 快递、外卖、三轮车运送人员安全意识较差。随着服务业的发展,快递、外卖也成了人们日常生活中随处可见的服务项目,极大方便了人们的生活,但是问题也随之而来。城市中经常可见快递员、外卖员骑着电瓶车穿梭的身影,当中的很大一部分在车流穿梭的过程中,一边看手机一边骑行,注意力不集中,不能"眼观六路耳听八方",甚至违反《中华人民共和国道路交通安全法》,为了赶时间,闯红灯、黄灯、抄近路、突然横穿马路等等,由此事故可能瞬间发生。

三、降低交通肇事发生率、预防交通肇事犯罪的建议

(一) 发挥自治的活力和基础作用,加强交通方面的宣传

(1) 在驾驶员的培训及考核期间重点普法。可以通过播放交通肇事人员现身说法的教育纪录片、开展相关的普法讲座以及适当提高驾考中交通法规的考核比例等形式,从源头上提高新晋驾驶人员

的交通意识,让他们在多方宣传教育的影响下,将严格遵守交通法规的要求自觉内化为个体的行动,这种意识上的认同也能更好地发挥出自治的活力。

(2) 有针对性地安排肇事双方进行交通法规学习。从统计的数据可见,很多时候,交通事故的发生往往不是一方的责任,而是肇事双方或多或少都有一定的过错,其中电瓶车发生交通事故的数量占了相当大的比重。一方面,机动车驾驶员在驾考期间进行了相对系统的学习和考核,因而对交通法规的认知有良好的基础,在事后安排其学习时可适当加大难度,对其肇事原因也要着重强调,避免重蹈覆辙;另一方面,非机动车驾驶员(主要是电瓶车驾驶员)虽然没有进行过系统的交通知识培训,但一些常识性的交通规则也应牢记,对非机动车驾驶员的学习要求,可比照机动车驾驶员适当放宽。

(3) 在当地电视台进行"防酒驾""防疲劳驾驶""系安全带"等的公益广告插播。媒体可通过触目惊心的严重后果展示,或是以动画片的形式举重若轻,将良好的交通意识潜移默化地深入人心,以实现自治的基础作用。

(二) 加强法治的界定作用,多方位开展以案释法

(1) 公安交警大队可在服务大厅设置相关的宣传展板及宣传手册,不定期地选取一些具有代表性的交通肇事案例进行分析说明,用发生在身边的案例给人以警醒。

(2) 检察院可组建自己的普法小分队,利用自己的资源优势前往学校、社区、企业以案释法,将相关的法律知识和交通理念融合在案例中呈现出来,更加地生动可感,也使法条一改往日的刻板形象,不再是冷冰冰的文字。另外,在释法过程中则应着重强调违反交通法规有时不只是扣分罚款就能高枕无忧的,若是出现酒驾、撞人后逃逸

等情况,很可能将触犯刑法,面临牢狱之灾。

(3) 法院则可充分挖掘由其判决的交通肇事案例,根据不同的违法事实做成不同系列节目,在曝光大屏幕上予以播放。同时,不同机构、企业也可不定期地安排员工前往交通肇事的庭审现场旁听,通过感受法庭的肃穆氛围使旁听者更深刻地体会到法律的威严,法院也应在庭审过程中做好释法工作,既可令嫌疑人及旁听者明晓其触犯的法律条文及应承担的后果,同时也能起到预防警醒效果。尤其应当强调肇事后逃逸的严重后果,明确告知嫌疑人及旁听人员不可存在侥幸心理,只有主动报警,积极对被害人予以抢救使危害结果最小化才是发生交通事故后的最优解决办法。

(三) 合理设置交通标志,进行道路规划

(1) 交通标志是我们出行的必要指向标,尤其是在学校、商场等人多的地方,以及人行道斑马线、事故多发区、急转弯、单行道等地段,设置醒目的交通标志,提醒驾驶员注意路段及周边情况,一定程度上可以预防交通事故悲剧的发生。

(2) 合理的道路规划是维持交通秩序、避免交通事故发生的重要保障。从数据上看,相当一部分是机动车和非机动车之间的交通事故。究其原因,基本是没有设置非机动车道、没有设置人行横道,以及右转与直行同时进行,谁也不想先让等。因此,必须合理规划道路设计。

(四) 加大处罚力度,提高肇事双方交通意识

(1) 适当提高刑事量刑处罚力度。交通肇事罪在刑法中属于过失犯罪,量刑起点在 3 年以下,若是肇事者能够赔偿被害人的损失,结果往往被判处缓刑,而这相对于很多被害人因飞来横祸无辜惨死的

结果来看,其实与罪行相适应原则有违和之处。当然,不可否认,刑法修正案(八)中将醉酒驾驶入刑确是符合现实要求的有力举措,能够有力地震慑醉驾行为人,更好地保护公众的权益。

(2)加大行政处罚力度。一方面可对违法交通法规的一般行为加大罚款额度,另一方面可对一些严重违法行为适当延长吊销驾驶证后重新取得驾驶证的时间间隔。此外也可适当提高驾驶员交通违法扣分的力度,通过增加违法成本的方式来提高驾驶人员的交通意识。

(3)加大交通执法力度。交警大队应严格执行《中华人民共和国道路交通安全法》以及其相关的法律法规,严厉打击酒后驾驶、超载驾驶、超速驾驶、无证驾驶等违反交通法规的行为,加大对违章行为的惩处力度;对涉嫌交通肇事刑事犯罪的人员,要及时立案移送检察院,依法追究其刑事责任,避免出现以罚代刑,漠视法律权威性的现象。

(五)健全保险赔偿,以德治为引领,加强矛盾化解,促进社会稳定

(1)发生交通事故,出现人员伤亡、财产损失,是每个当事人都不想见到的。要想避免这种结果出现,除了上述谈到的事先预防措施外,事后如何止损、化解矛盾也非常重要。车辆及人身保险在这种情况下就显得非常重要,作为车辆持有人,给车辆购买保险是极为必要的。有了商业险,在事故发生后,有保险公司理赔,起码可以给被害人最大物质赔偿保证,给其心理安慰,也可以不至于让肇事者倾家荡产,连累家人失去基本生活保障。

(2)交通事故中出现人员伤亡,对双方当事人来讲都是一种打击,尤其对于被害人及被害人家属而言更是如此。这时候化解双方

矛盾非常必要,以避免被害人家属做出违法过激行为。化解矛盾的方式,除了肇事者私下主动与被害人家属和解外,还有在公检法主持下的刑事和解。刑事和解必须应用到司法实践中的交通肇事案件上来,以凸显在宽严相济形势与政策下,最大化保障双方当事人的权利,化解社会矛盾,维护社会稳定。

【作者简介】

方旭阳,男,1982年1月出生,获宁波大学法学、英语语言文学学士双学位,现任桐乡市人民检察院侦查监督部主任。承办公诉、侦查监督案件300余件,2015年荣获嘉兴市"十佳优秀公诉人"称号。公开发表理论研究文章多篇,曾获浙江省人民检察院专题调研一等奖等。

陶李盈,女,1992年7月出生,毕业于浙江工商大学法学专业,现任桐乡市人民检察院侦查监督部检察官助理。在《云南警官学院学报》《浙江检察》《法治论坛》等期刊发表理论研究文章多篇。

肖淑芳,现任桐乡市人民检察院侦查监督部助理检察员。

一核多元 零距离服务 巧解小区治理难

——梧桐街道同庆社区小区治理情况调研

陈晓峰 陈 冰

梧桐街道同庆社区位于桐乡市梧桐街道南部,区域面积约3.5平方千米,区域内已建成明珠花园、江南一品、盛大兴城等8个封闭小区。为打造服务完善、环境优美、治安良好的美丽社区,同庆社区积极探索以自治为基、德治为先、法治为本的"三治融合"基层治理机制,在"三治融合"的基础上形成"一核多元 零距离服务"小区治理新模式,即以基层党组织为核心,社区服务为先导,充分发挥社区党支部、业委会、物业公司在小区服务中的主体作用,根据各自的服务内容和服务方式,在服务资源上共享、在软硬件优势上互补,发挥最大"乘数效应",形成一核多元零距离为民服务的工作格局。

一、"一核多元　零距离服务"的具体做法

（一）建立健全创新机制，多元共治

为实现"一核多元　零距离服务"，首先要从机制上入手，为此同庆社区建立、健全了两大机制：

（1）建立小区议事决策机制。社区、社会组织、社工是加强社会管理的最基础元素，是构建和谐社会的重要基石。想要真正治理好社区，打造美丽社区，必须要多方协作，而不能仅仅由社区干部包办社区事务，需要多方参与多方决策，让社会组织、群众都能够参与到社区事务的决策中来，真正做到人民当家作主。为此，同庆社区组织社区干部、物业负责人、业委会成员、小组长组成了社区居民议事会，通过"事权下放、党建引领、资源共享、居民自治"的方式，让社区居民、社会组织参与到社区事务中去，从根本上消除了居民对社区干部的误会，亦让社区干部能够在工作中更加紧密地联系群众，从群众的切实问题上开展工作，在提高工作效率的同时，也减轻了自身的工作负担。小区议事决策机制的建立，形成美好家园需要人人共同参与建设管理，才能共享成果的良好氛围，也激发了人们为幸福社区建设助力的积极性和主动性。

（2）建立责任分工机制。社区党组织、社区居委会、业主委员会、物业公司应密切配合，各司其职，各负其责，共同妥善处理小区物业管理活动中的相关事宜，充分发挥社会组织的作用，达到专业事专业人做的效果。在建立责任分工机制的过程中需要完善3个制度：一是社区党支部班子主动走访例会制度。社区党支部班子每月走访小区，了解小区内居民的各项问题、需求，及时掌握民生事项；并在社区内部开展例会，针对居民的反映确定下一步的工作方向，在进一步开

展工作的同时也能增加小区群众对社区事务的参与感,让居民能够积极主动提出对小区建设的意见建议。二是物业公司每个季度碰头会制度,对小区建设各项事务研究讨论。物业公司是社区事务处理的前锋,在有物业公司管理的小区,居民遇到事情、发生纠纷一般首先会由物业出面处理,在物业公司无法消化该问题或者居民直接找到社区干部要求处理时,一般才由社区出面处理。物业公司往往对小区内部的情况较为熟悉,能够弥补社区干部对小区情况了解的不足,且能够更加具有针对性地提出所在小区建设需要考虑的问题,做到因地制宜、以人为本。三是业委会沟通会制度。业委会作为小区业主的代表,集合了小区内各业主的意见,是小区内最真实的发声组织,只有与业委会充分沟通才能真正了解小区内各业主的声音,社区才能更好地开展基层服务工作,使业委会真正发挥作用、充分实现居民自治,将多元共治转化为推动各项事业发展的强大动力。

(二) 以需求为导向,"三治融合",多元服务

一是自治为基,扎实推进政社分开,落实基层自治组织自治地位,培育和发展多元化社会组织,广泛搭建"以新管新"服务管理平台,建立"社区联合党支部",构建社区党建工作新格局,凝聚社会各方力量参与自治管理,完善服务机制,保障自治权利,构建"社会协同、公众参与"的良好社会管理格局。通过换届选举,健全民主议事会、居民自治章程、一事一议等制度,完善"三务"公开平台,探索"网上居委会""流动居委会"建设的方式夯实自治基础,通过探索建立社情民意接待联络站(点)的方式健全居民参与自治渠道。其中,换届选举、相关制度的建立与完善是居民自治的基础,也是居民参政议政最基本的方式,是基层民主政治生活中的一件大事,是进一步完善基层民主制度,确保群众依法行使当家作主权利的重要方式。"三务"

公开平台是民主自治的重要组成部分,只有在保障群众知情权的前提下才能让群众积极参与社区的日常治理。所谓"三务"即居务、党务、财务,是居民参与社区事务的具体方向,居民对社区"三务"提出看法、意见并进行监督。社区是基层自治组织,是居民的自我管理组织,只有在充分听取居民意见、接受居民监督的情况下社区工作的开展才有意义,否则没有群众基础无异于无根浮萍。而确保居民正确行使自己的这项权利离不开基础自治组织——社区的正确引导。"网上居委会""流动居委会"是社区在探索自治过程中的一项新举措,促使社区干部由坐等居民上门办公转变为在居民的全天候监督下,自我加压,推动社区服务迈上了一个新台阶,为居民的诉求提供了新的出口,密切了党群关系、邻里关系,提升了居民参与小区治理的积极性。

二是德治为先,和谐示范树榜样。围绕党的十八大提出的社会主义核心价值观,着力打造"四型"社会、建设"四好"家庭、培育"五有"市民,以打造"红色义工城"为目标,努力建设幸福梧桐。做到引导有方向、评判有标准、学习有榜样,突出公民道德建设,完善公共文化服务,弘扬中华传统美德,树立时代新风,努力形成崇德向善、诚信友爱的良好社会风尚。具体工作开展如下:开展"中国梦·梧桐行"系列活动、扎实推进"幸福家园"和"文化礼堂"建设、开展"德孝之家·从我开始"主题活动、开展"邻里节"系列活动、开展全民健身艺术节和文化走亲等文体活动。一方面,通过开展群众性精神文明创建活动,加强道德教育和治理,提高公共文化服务水平,努力形成知荣辱、讲正气、作奉献、促和谐的良好风尚。另一方面,通过群众选出优秀典型、模范,这种从熟人中选出来的先进模范与先前任务式的评选方式有本质差别,能充分发挥示范带动作用,也能让群众切实、近距离感受榜样,让道德、文明、先进不再是冷冰冰的词汇,不再是空洞的介绍,而是活生生、有血有肉的,是能模仿、能学习、能使人切实受益的人,这样的模范、榜样自然远远比一段文字介绍来得鲜活动人,更有号召力、更能发挥带头作用。

三是法治为本,普法宣传提素质。以树立法治理念、运用法治思维、强化法治保障为目标,强化法制宣传,打造法治政府、法治社会、法治梧桐,促进社会公平正义,营造依法行政、司法公正、全民守法的良好法治环境。以往政府政策、法律法规出台以后经常只有宣传,没有开展相关解读、解释的普及工作,致使一些老百姓常常对此产生误读,导致社区许多工作无法开展,甚至出现上访的情况。现在通过各项普法活动、政策解读宣讲等工作的开展,群众能够及时了解政策内容以及各项重点,在实践中善于适用法律法规保护自己的权益,通过政府政策维护自己的利益,同时也让政策、法规更加阳光,提高了政府公信力。此外,同庆社区还成立了居委会、业委会、物业公司、民警、律师共同组成的调委会,在调解过程中宣传普法,打通法律服务基层群众的"最后一公里",通过法律定纷止争,让居民学会通过法律途径解决问题和矛盾,而不是一味地找居委会,更不是简单地上访闹事。

二、典 型 案 例

2017年7月14日,同庆社区下辖的锦绣南苑小区出现了一起关于社区物业费缴纳的纠纷事件。吴某甲、吴某乙两兄弟是锦绣南苑小区的业主,与其发生矛盾的另一方是锦绣南苑小区的自主物业。导致纠纷发生的原因则是大多数小区都会存在的小区物业费缴纳的问题。吴某甲和吴某乙两兄弟认为自己在锦绣南苑小区中购置的房屋的面积小于锦绣南苑小区其他大部分业主的房屋面积,但小区物业收取的物业费却是一刀切的统一金额,这对于他们来说不公平。因此他们一直拒绝向小区物业缴纳物业费。而锦绣南苑小区自主物业的负责人朱某则因为一直收不到吴某甲和吴某乙两兄弟物业费而和他们产生矛盾。矛盾长期持续下去对双方而言都没有好处,后来朱某和吴某甲、吴某乙两兄弟多次来到同庆社区,要求社区进行调解。社区在了解双方要求调解的诉求后,组织了一个调解委员会,对双方进行了调解劝导,但是双方都坚持自己的观点不愿意做出让步。之后调解委员会积极寻求解决这次纠纷的方法,通过"请外援"的方式,请来了片区民警沈警官。沈警官到了社区之后,与调解委员会一起,在充分听取了纠纷双方的意见之后,沈警官通过讲解相关法律知识,以及举出其管辖片区的其他社区对于此类事情如何处理的事例,来向纠纷双方进行解释与劝导,在解决纠纷的过程中也向纠纷双方宣传了相关的法律知识。

经过沈警官的耐心解释以及调解委员会劝说,吴某甲和吴某乙两兄弟认识到了自己的错误,之后纠纷双方握手言和。几日之后,锦绣南苑物业负责人朱某告知社区,吴某甲和吴某乙两兄弟已经缴纳了相关的物业费,至此事情得到了圆满的解决。

在此次纠纷圆满解决之后,同庆社区第一时间积极总结了经验教训。同庆社区在社区建设过程中,一直坚持以社区物业管理党建联建为切入点。社区党支部班子定期走访物业,物业公司每个季度主动和社区党支部碰头,业委会也主动和社区联系,三方齐心为社区居民服务,并通过这样的模式,解决了许多社区居民的需求问题,为社区居民办了许多实事。通过此次纠纷社区了解到单单凭借基层干部来解决纠纷是不全面的,而在这次解决纠纷的过程中,对于社区下辖小区的居民来说,沈警官作为熟知法律业务的基层民警,是一位值得信赖的贴心人,对于社区基层来说,社区民警又是连接社区和群众的纽带。纠纷的当事双方愿意相信沈警官,既是因为其是一位为人民服务的民警,也是因为他拥有丰富的法律知识和长期处理矛盾纠纷的丰富经验。因此在同庆社区法治工作的推进过程中,通过以需求为导向,以法治为本,在调解委员会中加入民警、律师等法律工作者,以此树立社区调解委员会的权威性,让社区居民能够更加信赖社区调解委员会,同时在调解的过程中注重宣传普法,打通法律服务基层群众的"最后一公里",让法治工作能在基层全面展开,深入人心,让法治精神在基层得以贯彻。

此外作为桐乡梧桐街道新居民聚集最多的区域之一,同庆社区在三治工作中,也始终没有忘记新居民,把新居民当做是自己的亲人一样对待重视。在2018年4月的出租房整治排查中,对于新居民在出租房里居住存在的安全隐患积极进行了排查,并提出了相关的整治建议。

在排查过程当中,发现了许多注重出租房安全的榜样,其中比较突出的一位就是来自河南的新居民刘华军。刘华军在桐庆小区5区开办了一家小厂,买下了一层农民自建房当做厂房,他考虑到所在区域是老小区,没有相应的消防设施,而且小区内的消防通道也不畅通,于是他在建厂的第一天就准备了数量足够的灭火器。之后他考虑到小区内新居民孩子较多,有些孩子会跑到厂房里玩耍,可能会去摆弄机器而造成安全事故,他又专门雇人在厂房外砌了外墙,做好防护工作,同时也留好了相应的安全出口。他说,现在做生意,不能光顾着赚钱,还需要时刻考虑到安全问题,这不仅仅是对自己及员工负责,更是对周围其他人负责。新居民自治,在新居民刘华军的身上得到了充分的体现。

为了能更好地把新思想新观念带入人心,同庆社区专门在市区沿庆丰路的墙上绘上墙绘。用简洁易懂的图画和标语宣传德治、法治、自治的观念，强调以德服人，把德治工作作为新居民工作的重要组成部分。同时在平常的社区义务劳动、上岗服务工作中宣传法治观念，让新居民懂法、学法、守法，在生活中做到遵纪守法。

【作者简介】

陈晓峰，男，1995年5月出生，毕业于宁波大学科学技术学院法学专业，现任桐乡市人民检察院公诉部检察官助理。

陈冰，男，1993年9月出生，毕业于杭州电子科技大学法学专业，现任桐乡市人民检察院公诉部检察官助理。

案例篇

创新工作机制　强化社会效果
——杨某某故意毁坏财物案

姚璟璟

一、基本案情

2017年4月的某日,犯罪嫌疑人杨某某驾驶小型轿车沿桐乡市梧桐街道宏源路自西往东行驶至宏源路与城河路口处时,与驾驶小型轿车逆向行驶的被害人何某某因会车避让问题发生纠纷,进而相互殴打。后犯罪嫌疑人杨某某因自感在打架中吃了亏,为泄愤采用倒车加速的方式,故意将被害人何某某的小型轿车撞坏,并造成周边两辆轿车和多辆电动自行车损坏。经桐乡市物价局价格认证中心认定,被损坏财物价值共计人民币19 000余元。

事发当日被害人何某某报警,公安机关于2017年5月5日立案侦查。2017年5月9日犯罪嫌疑人杨某某经公安民警通知到案,公安机关于次日对其采取了取保候审的强制措施。归案后,犯罪嫌疑人杨某某赔偿了各被害人的损失。

桐乡市公安局于 2018 年 1 月 9 日以犯罪嫌疑人杨某某涉嫌故意毁坏财物罪移送桐乡市检察院（以下简称"本院"）审查起诉。

二、矛盾焦点

在本院审查起诉期间，犯罪嫌疑人杨某某对自己的所作所为表示了深切的懊悔，并希望能够给予一个重新做人的机会，恳请检察机关能够作出不起诉决定。同时犯罪嫌疑人杨某某在对各被害人赔偿了相应损失之外，对主要被害人何某某额外补偿了 5 万元，何某某也对犯罪嫌疑人杨某某表示谅解，希望司法机关能从宽处理。但承办人考虑到，犯罪嫌疑人杨某某的行为发生在人流密集的闹市街道，其故意毁坏财物的行为不仅造成了被害人的财物损坏，对社会的公共安全也造成了重大威胁，因此，承办人没有草率地对犯罪嫌疑人杨某某作出不起诉决定。

三、办理过程

承办人在审查了全部案卷材料以及讯问了嫌疑人，听取了被害人、律师等意见后，决定召开诉前会议，就是否对犯罪嫌疑人杨某某作出不起诉决定听取广泛的意见。为此，承办人特召集了犯罪嫌疑人所在社区、单位的代表，以及辩护律师、派出所侦查人员、桐乡市公安局法制大队民警、刑侦大队民警、被害人代表和嫌疑人前来参会。

会议的第一议程是了解犯罪嫌疑人杨某某的一贯表现和社区、单位代表及被害人对此事的看法。首先,社区代表、治保主任陈述了杨某某平时的生活表现良好、无任何不良行为。其次,杨某某所在单位的代表陈述了杨某某作为单位的合同工,平时工作认真、团结协作、任劳任怨、做事踏实,并表示杨某某这一次犯错,单位平时没有教育好,也有不可推卸的责任;考虑到杨某某的一贯表现以及事后深刻的认罪悔罪态度,也希望并恳请检察机关给予其一次改过自新的机会,对杨某某作出不起诉决定。最后,主要被害人何某某表示同意检察机关作出不起诉决定,并陈述事发当时自己也有过错,愿意谅解杨某某的行为;另一名被害人也表达了对杨某某的谅解,没有其他请求。

会议的第二议程听取了杨某某的自述及辩护人、侦查人员及市公安局代表的意见。第一,杨某某再次表示了认罪悔罪。第二,辩护人表示对案件的事实、定性没有意见,但是杨某某存在法定、酌定的从轻情节,主要也是从认罪态度、一贯表现、积极赔偿被害人等方面进了阐述,希望检察机关作出不起诉的决定。第三,案件侦查人员表示本案事发后,事情被扩散到本地论坛和网络上,造成的社会影响大,而且事发地点处于闹市区,有一定的社会危害性;立案后,对杨某某采取取保候审的强制措施,已经体现宽严相济的刑事政策,但从宽的话不能一宽到底,希望检察机关能够提起公诉。第四,市刑侦大队的代表表示该案确实造成了不良的社会影响,但杨某某的认罪态度和赔偿这一块做得还是不错的,从治病救人的角度考虑,可以给其机会。第五,市法制大队的代表表示,从社会影响和社会危害性出发,确实与一般的故意毁坏财物案有区别,就后续处理而言,认为符合起诉条件应当起诉,但若最终不起诉也无异议。

四、办理结果

承办人参考了上述诉前会议的各方意见,形成了基本意见后,报经分管领导决定,对犯罪嫌疑人杨某某作了不起诉的决定。

五、办案心得

(一)感化教育,追求办案效果和社会效果的有机统一

在办案过程中,不仅要以事实为依据、以法律为准绳,更要追求法律效果和社会效果相统一,使当事人感受到司法的温度。在本案中,犯罪嫌疑人杨某某有着稳定、正当的职业,平时一直遵纪守法;本案的发生是杨某某当时被冲动蒙蔽了理智,其主观恶性着实不大。若本案起诉,判刑后犯罪嫌疑人杨某某肯定会失去现有的工作,在以后的人生道路上也会被别人指指点点。对这样一个大学毕业工作不久的年轻人来说,一份刑事判决书带给他的必然是滔天巨浪,工作、晋升甚至婚恋、生活,都将是一番完全不一样的局面,承办人对此也觉得非常可惜。在对杨某某讯问过程中,可以感觉到在案件侦查、审查起诉的几个月中,杨某某一直惶惶度日,确已经受到了一定的教训;承办人适时对杨某某进行了教育和劝导,杨某某也表示了非常懊悔,并保证以后再也不会做如此糊涂的事。故虽然本案的社会危害性和社会影响力均不同于普通故意毁坏财物案件,承办人组织了诉前会议,最终仍给杨某某一次改过自新的机会。承办人相信杨某某会珍惜得之不易的机会,不再做违法乱纪的事情,做一个更有益于社会的人。

(二)创新办案方式,积极参与"三治融合"司法实践

近几年,自治、法治、德治的现代乡村社会治理体制不断深入人心。作为检察机关的公诉部门立足审查起诉的职能,除了化解社会的纠纷矛盾,追求更好的社会效果外,更是要创新办案方式,将"三治融合"的因素引入司法实践中。本案就是一个很好的实践例子。

在办理本案过程中,案件存在较大的特殊性,诉与不诉存在较大分歧,承办人积极探索司法办案的新机制,将人民群众的意见合法有据地纳入司法实践当中,为此召开了诉前会议,听取了所在社区、单位、被害人、侦查机关、律师等各方的意见,诉前会议的效果非常好,给承办人提供了更多考虑的角度。检察机关平时的办案经常局限于嫌疑人、侦查人员、律师、被害人之间,听取的往往是这几方的意见,和参与基层社会治理的群体例如社区人员等接触较少。通过诉前会议这一方式,可以将老百姓的声音有序地纳入案件考量的范围中来,将自治的因素融入司法办案中来,让老百姓有通畅的渠道发声和表达合理诉求。同时这一尝试也有助于促进社会矛盾化解、提升司法办案效果、增加司法办案的透明度,从而增强司法机关在老百姓心目中的公信力。

【作者简介】

姚璟璟,女,1984年12月出生,毕业于浙江大学法学院法学专业,毕业后在桐乡市人民检察院公诉科任职至今。承办各类审查起诉案件共计700余件,在省级以上刊物上发表理论研究文章多篇。

践行"五心"检察理念,让爱继续
——陈某某交通肇事案

周 洁

一、基 本 案 情

2017年8月8日,陈某某驾驶小型普通客车在桐乡市某镇与被害人计某某驾驶的普通二轮摩托车发生碰撞,造成被害人计某某受伤,经医院抢救无效死亡。经桐乡市公安局交通警察大队认定,陈某某承担事故的主要责任,计某某承担事故的次要责任,该案于2017年12月14日移送至桐乡市人民检察院(以下简称"本院")审查起诉。

二、矛 盾 焦 点

作为此案的承办人,笔者审查案卷材料后发现本案事实清楚,证据确实充分,陈某某对于交通肇事的涉嫌犯罪行为供认不讳,且与证人证言、现场勘查等证据相互印证,案件的认定并无异议。但是卷宗中计某某所在村委会出具的一张"证明"却让笔者揪起了心——根据证明,计某某的配偶王某某系智力障碍,女儿计小某年仅8岁。

来自检察官的责任感让笔者拨通了计某某姐姐的电话。计某某姐姐的一番话,让笔者的心彻底沉了下来:王某某因为智力问题,连女儿的一日三餐都无法保障,计小某平时只能靠邻居的施舍或者去堂哥家蹭饭;更别提辅导女儿的学习了,自从父亲去世后,计小某的成绩也是一落千丈。此外,计小某的直系亲属爷爷奶奶、外公外婆均已过世,计某某有两个姐姐,但均年事已高,无力承担照顾计小某的重任。

计某某的意外过世让这个原本就艰难的家庭雪上加霜。只是如今摆在王某某和计小某面前最亟待解决的,不是金钱的问题,因为肇事的陈某某已额外补偿了18.5万元,剩余部分由保险公司赔偿。最棘手的是,谁来保管这些钱,谁来照顾王某某与计小某的生活,谁来安抚母女二人痛失至亲的情绪,这些用钱难以解决的问题迫在眉睫。

三、办案过程

笔者立即将这一情况汇报给本院未成年人刑事执行检察、民事行政检察业务统一集中办理试点工作领导小组(以下简称"试点工作领导小组"),得到了领导和同事的重视,本院随即启动试点工作方案,成立蒲公英爱心之家,开展对这个家庭的帮扶。

从计某某姐姐处了解到,他们作为亲属也对计小某的未来做过各种考虑,他们认为送她去寄宿学校是对她的生活和学习最有保障的，检察官们经过讨论，也认为这是比较可行的方法。未检科的检察官通过计某某所在的村委会对计某某家进行走访后，发现帮扶的困难也超出了我们的预想。一则，虽然王某某不是一个称职的母亲，不会做饭，不会接送女儿上学放学，更不会关心女儿的心理变化，但是母女间的感情十分深厚，计小某也对她十分依恋，原本想让计小某读寄宿学校的计划被小女孩拒绝了。纵使，气温已经零下了，妈妈还让她穿着破洞的球鞋去读书，结果冻得发烧了；纵使，妈妈骑着自行车送她去学校，结果摔倒了，母女俩都摔得鼻青脸肿；纵使，妈妈烧的番茄炒蛋是黑色的，让她无法下口……但她能感受到妈妈的爱，不舍与妈妈分离。二则，检察官发现王某某根本没有管理赔偿款的能力。检察官在与王某某的交谈中，其表示肇事的陈某某没有赔过钱，但是根据计某某的侄子的信息以及案卷中的材料，陈某某的额外补偿款显然已经支付，但王某某的认知能力让她难以作出正确的判断。这让检察官十分担忧，当赔偿款全部到位后，这笔钱将如何处理才能保障这对可怜的母女日后的生活。通过第一次的走访，首选计划被否决，我们只能继续与母女二人的其他亲人、村委、镇政府商量，寻求更好的方案帮助二人。

原本本案的肇事者陈某某主动提出愿意对计小某进行救助和帮扶，我们也希望能够进一步化解双方之间的矛盾，帮助陈某某获得谅解，但是当我们委婉地提出这一设想时，被家属拒绝，丧亲之痛，难以轻言原谅，我们也只好作罢。

刑事诉讼部分进行得十分顺利，我们也在多方面努力，希望帮助到王某某与计小某母女，但此时，我们却得知本案请求保险公司赔偿的民事诉讼部分发生了一些问题。因为王某某有智力障碍、计小某又未成年，二人身为民事诉讼的原告，没有能力进行诉讼，二人必须要委托代理人，二人的委托是否有效，成为民事诉讼能否顺利进行的主要因素。试点工作领导小组的检察官多次与法官、与母女二人的亲属进行沟通,为他们出谋划策,以确保民事案件能够顺利进行。

四、处 理 结 果

刑事案件部分的处理非常顺利,2017年12月25日起诉,2018年3月16日判决,民事部分诉讼也在检察官和法官的帮助下在刑事案件审理过程中顺利判决,赔偿款也按时到位。

但是如何妥善安置母女二人,还是让检察官花了大量的时间与精力。经过检察官的多方走访、协商,村、镇联合提供了一个合理的理财渠道,在确保本金安全的情况下,母女俩每年能领到2万余元的收益,直到计小某成年再将赔偿款全部交还给母女俩。

除了款项的妥善安置,检察官们还为计小某的成长和学习寻找到了最合适的方法。计小某的堂哥因为两家住得较近,主动承担起了计小某的部分监护人的责任;经过检察官与校长、班主任老师沟通,确定计小某除了可以免费吃学校的营养餐外,还可以打包带一份回家,作为母女俩的晚饭;同时班主任会对计小某多加注意,让其可以将作业做好后再回家,在做作业期间遇到不懂的问题老师也会及时指导和帮助;面对计小某心理上的阴影,有着三级心理咨询师资质的检察官钟黎和学校里同样有资质的老师则对计小某心理进行介入,积极关注计小某的心理成长。

虽然王某某失去了丈夫,计小某失去了父亲,但是通过检察机关、镇、村、学校等各单位的努力,我们没有让母女二人失去爱,而是让她们感受到来自社会的爱在延续。

五、办案心得

随着陈某某被判处刑罚,随着赔偿款的到位,肇事者与被害人家属之间的纠葛已经结束,尽管没有原谅,但至少不会再有矛盾。可是王某某、计小某和生活之间的矛盾要如何解决真的让我们花费了大量的时间、精力,尝试了各种方法并付出了最大的努力。

关乎生计的困难和矛盾是基层百姓直面的最要紧的难题。本案中王某某与计小某所面对的难题,并没有一个单一的答案能够解答,正是因为桐乡市在"枫桥经验"的基础之上,提出了"三治融合"治理基层社会,通过"自治、法治、德治"相结合,才顺利地将矛盾化解在基层,同时避免了因刑事案件的发生,导致更严重的后果。

从公诉人的角度出发,其实"法治"是最容易实现的,因为任何法律规范都是有明文规定的,执行者只要依法依规即可,就如本案,承办人如只是要办理一起"交通肇事"的刑事案件是最容易不过的。而且只要按照《中华人民共和国刑法》《中华人民共和国刑事诉讼法》的规定办理,定然也不会出什么错。但是,本院沈小平检察长提出了"五心"检察理念,要求我们在检察工作中要有"民心""爱心""善心""正心""良心"。因此,看到这样一起案件时,承办人想到的除了要将案件办好之外,同时也将"化解矛盾""妥善处理"提到了同样的高度。

检察工作并非只是简单的冰冷的执法,同时也需要检察官执法的温度。如何实现既要讲法度,又要"有温度",那就需要与"三治"和"五心"检察相结合。"五心"检察理念要求从事检察工作时必须多几个"心眼儿":心怀民心,以人民为中心;要有爱心、善心,劝人向善;要有正心、良心,公正办案。以人民为中心要得以实现,则需要与"三治融合"相结合。

基层社会治理,自治是"内生力",鼓励把群众自己办的事交给群众;法治是"硬实力",强调用法治思维和法治方法谋划社会治理、构筑底线、定纷止争;德治是"软实力",强化道德约束,达到"春风化雨""润物无声"的效果。检察工作与"三治融合"并非是两项工作的简单相加,需要互相渗透、相互影响,从观念的转变开始,利用现有的基层自治工作经验,结合德治,进而实现以法治来保障当事人的权益,真正做到矛盾化解在基层。正如本案,通过法律,让肇事者陈某某承担了其相应的刑事责任和民事责任;通过自治,镇、村联合,为限制民事责任能力的母女筑起了一道屏障,确保二人的赔偿款被妥善保管;更多的是通过德治,亲人、老师、检察官等数不清的善心人为这对不幸的母女提供帮助,让她们日后能生活无忧。

检察工作不是简单的"办案",而是在"五心"检察理念的指导下,与"三治融合"相结合,这样才能办好案,实现社会主义法治国家的基本治国方略。

【作者简介】

周洁,女,1985年5月出生,毕业于华东政法大学法学专业,现任桐乡市人民检察院公诉部主任助理。承办审查逮捕案件400余件、公诉案件400余件,2010年7月、2012年9月、2016年4月3次荣获嘉兴市人民检察院侦查监督"十佳检察官"称号,2018年4月被嘉兴市人民检察院评为"公诉标兵"。

当网络诈骗遇到同村同学
——朱某诈骗案

沈晓颜

一、基 本 案 情

2018年1月1日,29岁的桐乡崇福小伙子徐某通过陌陌聊天软件"附近的人"添加了一名头像为女性的好友,两人相谈甚欢,并且交换了微信号,并在当天加了微信好友。在聊天过程中,对方自称张某某,女,28岁,也是桐乡崇福人,还透露出想要和徐某处对象的意思,因为聊得比较投契,单身的徐某也欣然同意。自此,两人开始了长达两个月的网恋。在此期间,徐某多次提出要和张某某见面,但都被张某某以上班忙等各种理由推脱拒绝。同时,在这两个月期间,张某某以过生日、买手机、周转、家人住院、信用卡还款等各种理由,陆陆续续向徐某借款11万余元。徐某想着要和张某某谈恋爱,也一次次地将钱通过微信红包、支付宝转账打给张某某。2018年2月27日凌晨,张某某告诉徐某,父亲出了车祸,需要借钱住院,徐某当即向张某某转账 11 000 元,且询问张某某父亲在哪家医院,准备驱车前往探望。然而张某某各种推脱转移,最后甚至将徐某的微信删除。直到此时,徐某才意识到自己被骗了,于是报了案。

案发后,桐乡市公安局侦查人员通过侦查,抓获了男性嫌疑人朱某,巧的是,朱某与徐某竟然是同村人,而且两人是小学同学。其实在徐某用支付宝向朱某转账之初,朱某已经通过支付宝实名看到了徐某的名字,也清楚两人是小学同学。2018 年 4 月 17 日,桐乡市公安局以朱某涉嫌诈骗罪,将该案移送桐乡市检察院(以下简称"本院")审查逮捕。

二、矛盾焦点

本案犯罪嫌疑人朱某涉嫌诈骗罪,刑事部分事实清楚,证据充分。目前该案的主要矛盾焦点体现在双方为同村村民,且为小学同班同学,地缘较近,人际交往有重叠,故该案的发生对双方家庭均有不小的影响。徐某被朱某诈骗了钱财,而朱某因此被羁押待审,在双方家庭这种同村低头不见抬头见的情况下,如何处理化解两家矛盾纠纷,使双方家庭都得到较为满意的结果,是本案处理的难点所在。

三、办理过程

在办理该案时,承办检察官发现,截至案发前,犯罪嫌疑人朱某曾陆续归还被害人徐某 23 500 元,其余部分,根据朱某的供述,全被他用于网络赌博,并且也全都输光了。而目前,被害人徐某的经济损失还有 86 500 余元。8 万余元不是一个小数目,如何能够帮助被害人挽回经济损失,化解矛盾,也成了承办检察官心头的一件大事。通过查阅犯罪嫌疑人朱某的基本家庭情况,承办人了解到朱某是本地人,已婚,与父母妻子同住,父母妻子平时做些皮毛小刀工,有一定的经济能力。承办人尝试电话联系朱某家属,得知因朱某沉迷网络赌博,不务正业,现在还做了诈骗犯罪的事情,家属对朱某已是失望至极,甚至有些"不想管他"。虽然他们嘴上说是如此,但是其透过电话流露出的焦急、无奈,让承办人觉得,让朱某家属代为退赔被害人损失,双方达成刑事和解,仍然是有希望的。因此,承办人向家属详细解释了诈骗犯罪的法律条文、犯罪嫌疑人朱某所将面临的刑事处罚,也特别明确了退赃对于该类型案件的正面影响。最终,朱某家属愿意代朱某退赔被害人徐某全部经济损失。之后,承办检察官也致电被害人徐某,向其转达了朱某认罪、悔罪的态度以及朱某家属愿意退赔损失的情况,徐某同意与犯罪嫌疑人朱某达成刑事和解,并出具对朱某的谅解书。

四、处 理 结 果

在审查逮捕阶段,本案双方最终达成刑事和解,犯罪嫌疑人方退赔被害人方全部经济损失,并赔礼道歉,被害人接受退赔及道歉后,也出具了对犯罪嫌疑人的谅解书。本院最终对犯罪嫌疑人朱某作出了定罪不捕的决定。该处理结果执行后,犯罪嫌疑人朱某被改变强制措施,由羁押状态变更为取保候审。虽然后续的诉讼程序仍要进行,其仍要为所犯罪行承担刑事责任,但就目前来看,犯罪嫌疑人朱某由羁押被释放,最大程度上获得了人身自由,吸取本次教训后,也重新开始工作,为家庭做出应有的贡献。从社会效果上看,同村两家握手言和,避免了矛盾的进一步升级恶化。

五、办案心得

20世纪60年代初,浙江省诸暨市枫桥镇干部群众创造了著名的"枫桥经验"。近年来,桐乡市多方面多角度地认真学习贯彻习近平总书记关于坚持发展"枫桥经验"系列重要指示精神,在"红船精神"引领下,不断探索创新,丰富"枫桥经验"内涵,在基层社会治理方面取得了丰硕成果,形成了许多具有桐乡特色的亮点经验,在全国率先开展了自治、法治、德治"三治融合"的基层社会治理探索实践。而经过多年努力,"三治融合"已发展成为全省基层社会治理的重要品牌,被写入党的十九大报告,并被中央政法委定位为新时代"枫桥经验"的精髓、新时代基层社会治理创新的发展方向,源于桐乡的自治、法治、德治融合成为基层社会治理的"桐乡经验"。"三治融合""桐乡经验"的创新之处和最大生命力在于,将自治、法治、德治三者融合,合力增效,共同构成社会善治的坚固"三角架"。"三治"经验通过多元化社会治理主体的协调合作,将社会治理的意义上升到预防矛盾、改善风气等更高层次。在桐乡市推行"三治融合",检察机关所发挥的作用就是法治在优化政治资源配置中的作用,同时兼任以道德规范、以文教培育的文化引领角色,提升人们的法治意识和思想道德素养。法治与德治齐头并进的社会风尚下,检察机关一要严明公正地履行职责,树立在法治领域的权威,营造人人相信法律、人人拥护法律的氛围,为法治在社会治理中发挥突出作用积累群众基础、不断拓宽道路；二要以社会力量联动，依托各种各样的普法宣传途径，营造人人知悉法律、人人遵守法律的氛围，解决法律执行过程中个别群众法律素养欠缺、不配合公务甚至以身犯法等隐患，以此参与到"三治融合"的新型社会治理模式的建设当中去。

"桐乡经验"中，采取了"崇尚法治、提升德治、完善自治"的新型基层社会治理模式。

崇尚法治，注重法治在社会治理中的保障作用，要求运用法治理念、法治思维和法治方式解决问题。而人民检察院作为国家司法机关，在工作中更是要坚持法治理念，强调司法公正。司法公正，坚持以事实为根据、以法律为准绳，推动司法公正落实到每一起案件的办理过程中，融入每一项司法程序的细节中，体现在每一个具体的司法行为上，努力让人民群众在每一起司法案件中都能感受到公平正义。

提升德治，德治是社会安定的基础，不将法的强制力作为社会秩序管理和社会公德教化的唯一手段，要求以法为最后防线，将公平正义与和谐的精神深入渗透到灵活多样的社会规则当中去。对于犯罪情节较轻、社会危害性较小的案件，检察机关可以从化解社会矛盾、弥补被害人利益等方面，引导涉事双方通过赔偿、道歉等程序和解。德治使法律成为人们道德观念的一种客观体现，以基层群众自治规范、行业规范、职业道德等先进风尚为外在形式，以不违背社会公益的道德理念和价值追求为动力，促进人们理解和尊重法律。

完善自治，自治是真正实现自由民主的核心目标，主要要求"多方协同治理"。这里的多方除了各司法机关、行政机关，还有基层群众自治组织和公益性治安组织。也就意味着，基层人民检察院在基层社会管理中不是孤军奋战，社区自治、"网格微治"等在服务群众的同时也要担负起改造被判处社区矫正的罪犯、预防犯罪、化解矛盾等责任，是从源头上减少社会治安隐患、提升法治与德治效益的重中之重。因此,完善自治、发动基层自治的一切力量,势在必行。

本案是"三治"协同融合在桐乡市推行的典型事例。第一,通过检察官的沟通调解,化解了事主之间的矛盾纠纷,积极为被害人挽回了损失,以司法活动的实际效果鼓励被害人拿起法律的武器维护自身合法权益。第二,改变了嫌疑人的强制措施,使其能继续进行工作生产,在维持自身生活需求的同时,为社会做贡献,得到自我价值的认可,降低其再次违法犯罪的概率。第三,反映出检察工作者在办案中采用刚柔并济的手段,坚持适当打击不法行为与坚决保护合法权益并重的原则。

本案的办理,恰恰符合"枫桥经验"最初的"捕人少、治安好"这一理念。该理念放在现今的侦查监督业务上来说,就是坚持少捕慎捕,避免在办案中催生新的矛盾,最大限度降低办案的"负产出"。近年来,本院侦查监督部门把化解和预防矛盾列为重要工作,努力在案件矛盾上做减法,在案件效果上做加法,立足侦查监督工作,主推打造"枫桥经验"检察版。针对轻微刑事案件、过失犯罪案件以及轻微的财产刑案件,在双方自愿的基础上,由本院主持双方通过履行债务、赔偿损失、赔礼道歉等方式,进行和解,和解成功的,及时启动对犯罪嫌疑人的羁押必要性审查工作,为其社会关系修复留出空间。这也增强了司法办案的透明度,促进了社会矛盾化解,提升了司法办案效果。坚持办案的社会效果、法律效果的统一,创新工作方式,探索监督源头,使侦查监督工作在标本兼治和综合治理上取得了成效。

【作者简介】

沈晓颜,女,1986年10月出生,毕业于浙江理工大学法学专业,现任桐乡市人民检察院侦查监督部员额检察官。

桐乡市首例公开审查听证会带来的思考与认识
——冯某某交通肇事案

徐程秀

一、基本案情

2016年11月20日07时08分许,犯罪嫌疑人冯某某(男,26岁,汉族,初中文化,为桐乡市某公司叉车工,住桐乡市石门镇,无前科劣迹)驾驶一辆普通二轮摩托车由湖州市练市镇驶往桐乡市石门镇。途经崇练公路7K+500M地方由北往南行驶过程中,与从西侧岔口出来手推三轮车的沈某某发生碰撞,造成沈某某受伤后经医院抢救无效死亡的道路交通事故。事发后犯罪嫌疑人冯某某驾驶肇事车辆逃逸,群众陈某某向桐乡市公安局报案,民警赶到现场后发现肇事车主逃逸,通过调取周边监控及报警信息查到肇事车辆车牌号,随后找到肇事车辆车主冯某某,其于2016年11月23日被桐乡市交警大队查获,同日被桐乡市公安局刑事拘留。

案经桐乡市公安局交通警察大队事故认定,犯罪嫌疑人冯某某的行为违反了《中华人民共和国道路交通安全法》第七十条第一款,根据《中华人民共和国道路交通安全法实施条例》第九十二条第一款之规定:"发生交通事故后当事人逃逸的,逃逸的当事人承担全部责任。但是,有证据证明对方当事人也有过错的,可以减轻责任",因此冯某某应负事故全部责任。

二、矛盾焦点

本案当事人间的矛盾焦点,一方面是犯罪嫌疑人冯某某在撞到被害人后没有报警,也没有采取相应措施救助被害人,而是逃离事故现场,造成被害人抢救无效死亡,给被害人家属带来了失去亲人的巨大伤痛;另一方面则是在侦查阶段双方就经济赔偿问题尚未达成和解,犯罪嫌疑人未能取得被害人家属的谅解,被害人家属也不同意对冯某某取保候审,而是要求将其继续关押在看守所。可以看出,双方均对冯某某交通肇事的行为没有异议,矛盾的主要点还是在犯罪嫌疑人有无悔过态度以及是否能够取得被害人家属的谅解。

三、办理过程

一开始收到该案后,承办检察官粗粗看了一遍卷宗材料,从证据上来看,犯罪嫌疑人冯某某对于驾驶摩托车与被害人发生碰撞,之后逃离现场的事实供认不讳,且看不出有悔改之心,其他证据也印证了冯某某的供述。因此检察官认为犯罪嫌疑人冯某某涉嫌交通肇事罪事实比较清楚,证据也较为充分,其逃逸情节恶劣,亦没有取得被害人家属的谅解,有逮捕的必要。

后来检察官在撰写审查逮捕意见书时发现犯罪嫌疑人冯某某虽有逃逸情节,但其在归案后对犯罪事实能够如实供述,其为桐乡石门人,也有固定工作,同时也没有其他的违法犯罪记录,如不捕的话逃跑或重新犯罪的可能性较小。更加重要的是,检察官在提审讯问冯某某时,冯某某表达了强烈的意愿希望能够取保候审,再给他一次改过的机会。那么在这种情况下,就要衡量犯罪嫌疑人是否有《中华人民共和国刑事诉讼法》规定的第八十一条关于社会危险性的5种情形,即"(一)可能实施新的犯罪的;(二)有危害国家安全、公共安全或者社会秩序的现实危险的;(三)可能毁灭、伪造证据,干扰证人作证或者串供的;(四)可能对被害人、举报人、控告人实施打击报复的;(五)企图自杀或者逃跑的"。上述5种社会危险性的表达含义是相对抽象、宽泛的,留给检察人员很大的自由裁量空间,而这种裁量权没有其他人的监督,可能会造成滥用的情况,且有时候面对可捕可不捕的情况,检察官也难以做出抉择。在本案中,承办检察官也面对着这样的难题,一方面是犯罪嫌疑人的真诚悔过,另一方面是被害人家属受到的巨大伤害,因此承办检察官想到了公开审查听证会,即邀请案件相关当事人和律师、人民监督员等人就犯罪嫌疑人冯某某是否有社会危险性进行讨论,这样一方面可以听取社会各界人士的声音,另一方面也可以以案释法。于是检察官决定依法启动公开审查听证会,邀请本案侦查员、律师、犯罪嫌疑人家属、嫌疑人所在村治保主任等人到场参与,承办检察官首先将案情和社会危险性的含义进行简单介绍,并且邀请在场每个人就该案进行发言。经过大家的热烈讨论,最终都认为犯罪嫌疑人冯某某认罪态度较好,且有取保候审条件,无社会危险性,可以不批准逮捕。在案件审查过程中,犯罪嫌疑人家属也已经与被害人家属达成和解协议,被害人家属表示了对冯某某的谅解。最终,检察官听取上述人员意见以及结合犯罪嫌疑人自身的认罪态度,决定对其不批准逮捕。

四、处理结果

2016年12月6日下午14时许,在桐乡市人民检察院逮捕案件公开审查室内,检察官邀请本案侦查员、律师、犯罪嫌疑人家属、嫌疑人所在村治保主任召开了一次公开审查听证会,最终在听取各方意见的基础上,桐乡市人民检察院决定对犯罪嫌疑人冯某某以交通肇事罪不批准逮捕,2016年12月7日,桐乡市人民检察院正式发出不批准逮捕决定书。

五、办案心得

习近平总书记在参加十三届全国人大一次会议重庆代表团审议时即提出,要既讲法治又讲德治,重视发挥道德教化作用,把法律和道德的力量、法治和德治的功能紧密结合起来,把自律和他律紧密结合起来。因此我们在办案过程中也应当既讲法治又讲德治,要在依法办案的同时,通过道德感化,切实化解矛盾纠纷,真正做到案结事了;要在处理具体案件的基础上,通过宣传教育促进案件当事人和社会公众自律,预防违法犯罪的发生,切实减少犯罪行为,提升公众的安全度和满意度。

本案的办理过程即实现了法治与德治的相互结合,通过公开审查听证,第一,对于犯罪嫌疑人冯某某来说,其可以更真实地认识到自己的行为造成了哪些严重后果,给被害人家属带来了多大的伤害,同时深刻地认识到自己的行为使得父母有多么伤心忧虑。给冯某某这样一次机会向被害人家属表达自己的歉意,也有利于缓解双方的矛盾。相信冯某某经历这些事之后,在以后的工作生活中能够时时警醒自己不要再犯相同的错误,更好地遵守法律法规。

第二,对于被害人家属来说,公开审查听证的方式能够让其参与到诉讼环节中来,真正作为一名当事人参与案件办理审查。以往在案件办理中,对于社会危险性显著较轻或者社会危险性明显很大的案件,承办检察官往往会从嫌疑人的角度考虑,而不太会主动征求被害人或其家属的意见,被害人方的诉求有时候无法传达到检察官处。而公开审查听证就避免了这一问题,检察官也可以倾听被害人方的声音,从而在更全面的基础上审查社会危险性。

第三,对于侦查人员来说,侦查机关报捕必然是认为犯罪嫌疑人采取取保候审不能防止社会危险性,其站在侦查机关角度必然认为逮捕才能完全保证刑事案件程序的流畅性,若不捕则会出现很多不确定因素,可能影响到后续案件的办理。因此有时候侦查机关不能理解检察院作出的不批准逮捕决定,有时候还会抵触该决定,公开审查听证会的召开可以使民警参与到社会危险性的审查过程中来,理解为什么会作出批准逮捕或者不批准逮捕的决定,有利于公检关系的良性发展。

第四,对于承办检察官自身来说,以往的社会危险性审查只是检察官自己的判断,有时候会过于片面,有时候一个批捕或者不批捕的决定对犯罪嫌疑人来说影响很大,那么就需要我们慎重对待。在作出决定的这个过程中,其他人的意见可能会更加客观、公正,通过这样的一种形式,检察官在以后不管有没有案件公开审查听证,都会更加谨慎地对待每一起案件的犯罪嫌疑人。

第五,对于整个社会来说,公开审查听证带来了一种法治与德治相互结合的新思路,一方面可以普及法律知识,使公众了解到检察院侦查监督部门的工作内容,可以从细微处了解到法律方面的相关知识,另一方面也能通过释法说理的方式使冰冷的刑法有了人性的温暖。

【作者简介】

徐程秀,女,1991年11月出生,毕业于浙江工业大学法学专业,现任桐乡市人民检察院侦查监督部门检察官助理。2014年至今承办审查逮捕案件400余件。

发挥控申职能,矛盾化解在基层

——以张某甲刑事申诉案件为例

张 淼

一、基 本 案 情

2015年12月1日06时08分许,被告人郑某某驾驶悬挂桂1022151号变型拖拉机沿桐乡市崇福镇崇新线由东往西行驶,途经崇新线10K+170M的地方与由西往东行驶的张某乙驾驶的防盗备案登记号为嘉兴E19138号电动自行车发生碰撞,造成电动自行车上乘员程某某受伤。事发后,被告人郑某某驾驶变型拖拉机欲离开现场,被害人张某乙站立在拖拉机前阻拦,被告人郑某某驾驶变型拖拉机多次倒车后左转弯驶入崇新线北侧非机动车道由东向西逃逸,被害人张某乙在变型拖拉机右侧追赶过程中被郑某某驾驶的悬挂桂1022151号变型拖拉机碾压,后被告人郑某某驾驶肇事拖拉机逃逸,被害人张某乙经医院抢救无效于当日死亡。次日,郑某某被桐乡市公安局交警大队民警查获。经桐乡市公安局交通警察大队事故认定,郑某某承担事故的全部责任。经鉴定程某某的损伤程度构成轻微伤。

2016年3月15日,桐乡市人民法院以交通肇事罪,判处被告人郑某某有期徒刑4年3个月。

2016年5月4日,申诉人张某甲向桐乡市人民检察院(以下简称"本院")提出申诉:认为桐乡市人民法院(2016)浙0483刑初134号刑事判决存在错误,法院应以故意杀人罪对郑某某定罪量刑或者以交通肇事罪逃逸致人死亡情节对郑某某从重处罚。但桐乡市人民法院以交通肇事罪判处郑某某有期徒刑4年3个月,量刑过轻,请求本院提出抗诉。

2016年5月23日,经检察长批准依法对张某甲刑事申诉案立案复查。经复查认为:原案事实清楚、证据确凿充分、定罪准确、量刑适当,申诉人的主张不能成立,2016年7月26日,作出不予抗诉决定。

二、矛盾焦点

本案存在的办案难点主要体现在以下两个方面:第一,申诉人张某甲系交通肇事被害人张某乙的直系亲属,失去亲人的悲痛使得申诉人情绪较为激动,承办检察官如何做到法理与情理的有机结合,释法说理,息诉罢访。第二,本起交通肇事案件的具体情形与普通的交通肇事案情不一致,系被害人张某乙第一次被郑某某撞击后倒地,张某乙在追赶郑某某车辆的途中被二次撞击后身亡,承办检察官如何厘清其中的法律关系,正确地适用法律,作出合适的决定。

三、办理过程

在本起案件的办理过程中,控申部门检察官主要从以下3个方面入手:

第一,耐心细致,反复说理。申诉人张某甲为被害人张某乙的弟弟,来本院申诉期间还沉浸在失去亲人的痛苦之中,情绪非常激动,对肇事者郑某某十分痛恨,对司法机关执法的公正性也表示严重怀疑。控申部门承办检察官深知,此案办理过程中稍有不慎,可能引起社会矛盾。在接待申诉人过程中,在安抚申诉人情绪的同时,承办检察官不急不躁,不厌其烦地反复与其释法说理,使其感知检察机关办理案件的公正性。

第二,不枉不纵,全面复查。承办检察官在本案办理过程中,紧紧围绕原案事实是否清楚、证据是否确实充分、定性和量刑是否准确等问题认真开展全面复查工作。在复查案件时注重程序与实体并重,认真听取了申诉人和原案件承办人的意见,同时,也通过查阅相关的法律、司法解释、理论文章和实际案例,认真分析全案的事实及证据,得出了原案事实清楚、证据确凿充分、定罪准确、量刑适当,申诉人的主张不能成立的结论。

第三,邀请律师,参与办案。为了增强信服力,根据本院联合桐乡市司法局制定出台的《关于律师参与化解和代理涉法涉诉信访案件的实施办法》,邀请律师为本案提供法律意见并为信访人提供法律咨询。律师阅卷后,也认同本院的结论:原判无误,申诉人的主张不能成立。承办人会同律师针对申诉人在法律理解、认识等方面存在的误区,围绕案件事实、证据和法律适用等问题,有针对性地开展释法析理,向他讲清法理、讲明事理、讲通情理。

四、处理结果

最终申诉人认同了检察机关的结论,并承诺息诉罢访。

五、办案心得

通过办理张某甲刑事申诉案件,笔者深深地体会到控申部门作为人民群众走进检察院的第一个接待窗口,其工作是检察机关在履行法律监督职责过程中与群众最密切、最直接的业务工作。在今后的办案过程中,笔者提出以下几点建设性意见。

第一点,进一步加大监督力度。在对法院监督方面,要通过对法律知识、司法政策和实务经验全面把握,进一步深入审查,严把案件的事实关、证据关、程序关。对法律适用问题研究得透一些,对案件事实了解得全一些,对新事实、新证据查实得深一些,通过自身细致扎实的工作,增强发现和纠正司法不公与审判瑕疵的能力,力争在抗诉率和再审改判率上有所提升。在对公安机关的监督方面,要进一步拓宽监督的视野,结合申诉人在申诉的过程中提出的合理诉求,深入细致地查找立案和撤销案件、强制措施变更等工作环节中出现的问题。以本院办理的许某某刑事申诉案为例,控申部门承办检察官发现在对许某某进行讯问的公安阶段同步录音录像中,暴露出很多问题:签名的侦查人员并非实际讯问的办案人员,实际对许某某进行讯问时只是简单的"你是否认罪"等问题,实际有效的讯问时间不超过 2 分钟,与讯问笔录上 3 页的讯问内容不符。被害人黄某某在询问笔录中提及与许某某通过微信进行聊天,然而在案卷中未体现双方微信的聊天截图。该案虽然最后经证据论证,不足以推翻原判决,但承办检察官针对上述两个问题,向公安机关发出检察建议,控申部门的监督作用得到了有效的实现。

第二点,进一步提升监督能力。控申监督具有广泛性、专业性、复杂性等特点,因此必须切实加强监督能力建设。可以从两方面入手:一是业务能力方面,可以通过法院及本院公诉、侦查监督等业务部门的人员开展短期岗位交流,加深对各个诉讼环节运行情况的认知。二是控申部门是直面群众的第一线,在给群众释法说理以外,更为重要的是要做好法理与情理的并重。控申部门年轻干警接待申诉人员的能力有待加强,平时应多向经验丰富的老同志学习,此外还应积极参与控申条线组织的竞赛活动,在专题培训、实战训练等过程中提升自己的接访能力。

第三点,积极引入外部监督机制。"我们接待来访、申诉群众的过程中,经常会出现接访人员好话说了一大筐,但是有的来访群众却根本不听你的讲解。律师作为国家的法律工作者,能够从中立角度对案件进行客观评析,容易取得信访群众信任。"这是在控申部门工作多年的一位老同志总结的经验。在控申办案的实际操作过程中,本院联合司法部门,制定出台《关于律师参与化解和代理涉法涉诉信访案件的实施办法》,在控申接待中,对于申诉人不服检察机关对民事、行政、刑事申诉或刑事赔偿确认申请作出的决定,长期、反复向检察机关申诉的案件,申诉人对检察机关作出的复查决定仍表示不服的,可以引入律师参与矛盾化解,这样可以取得申诉人与检察机关的"双赢"。在办理张某甲申诉案件中,针对张某甲对法律知识知之不多、理解不透的具体情况,控申部门办案检察官在征得张某甲同意的情况下,启动了律师参与化解涉法涉诉信访案件的程序,商请本市经验丰富的律师为张某甲提供公益无偿法律服务。律师作为第三方从专业的法律角度提供法律专业知识,以其丰富的实践经验、专业的法律知识分析了判决的合法性,并根据案件的具体情况引导张某甲通过民事诉讼解决医疗费等费用,以客观的、中立的态度从法律层面提供了法律建议。刑事申诉案件的办理,是检察机关履行法律监督职能,促进司法公正、化解社会矛盾的重要手段。本案的依法办理,维护了正确的裁判,也维护了司法公信力。通过邀请律师参与案件办理,充分发挥了律师促进社会和谐稳定、化解涉法涉诉信访矛盾的积极作用。承办人和律师共同做好信访人的释法析理、心理疏导等工作,引导信访人通过法定程序解决涉法涉诉事项,提高了办理涉法涉诉信访案件质效,也成功化解了可能发生的社会矛盾。这是今后可以借鉴的办案模式。

【作者简介】

张淼,女,1992年2月出生,毕业于杭州师范大学知识产权专业,现任桐乡市人民检察院民行控申部检察官助理。

16人历时6载艰难申诉上访 6年协调50次力促和解结案

——王连顺等16人与永嘉公司工程款纠纷系列调处案

姚晓红　许君岐

一、基 本 案 情

申诉人(原审原告)：王某等16人,均为从事工程建设的包工头,分别来自浙江、江苏、安徽、江西等不同省份。

被申诉人(原审被告)：永嘉公司,位于浙江省永嘉县××镇××路××号。法定代理人朱某,董事长。

2004年1月,为修建桐乡市过境公路及高桥连接线工程,桐乡交投公司进行公开招标,永嘉公司对该工程第七合同段进行投标。同年2月9日,双方签订《合同协议书》《工程质量责任合同》等协议,约定由永嘉公司承建桐乡市过境公路工程第七合同段,该工程不得分包、转包。2月18日,永嘉公司与潘某签订《施工班组责任考核协议》,将工程转包给潘某,而潘某又将工程中的沙石、钢筋材料供应和设备供应分给20多名包工头。2005年,因工程款被拖欠,王某等来自浙江、江苏、江西、安徽等地共16名包工头陆续将永嘉公司和潘某告上法庭,要求共同承担总额185万元的付款责任。

二、矛盾焦点

在桐乡法院审理期间,永嘉公司主张其与潘某之间签订的《施工班组责任考核协议》名为内部承包协议,实为外部分包合同,所以双方之间为分承包关系,潘某在该工程中的行为属于个人行为,潘某与其他人之间发生的材料、人工机械等一切费用均与永嘉公司无关。法院采纳了永嘉公司的主张,作出(2005)桐民一初字第1818号等16份民事判决书,判令上述费用由潘某承担。16名申诉人认为法院判决明显错误,潘某对判决也不服,认为自己是代表永嘉公司第七项目部行使职务管理职责,因此工程款应由永嘉公司承担。后为节约诉讼费用,原告方选择16件中的1件向嘉兴中院上诉。2006年7月13日,嘉兴中院经审理认为一审判决并无不当,判决驳回上诉,维持原判。王某等16人为维护自己的合法权益开始了漫长的申诉和上访之路,其间不断向嘉兴市检察院、浙江省检察院、桐乡市交通局、桐乡市信访局上访。

三、办理过程

2008年3月,王某等16名申诉人向桐乡市检察院(以下简称"本院")申诉。本院经审查认为永嘉公司与潘某之间不是分包合同,而是内部协议,永嘉公司理应承担相应付款责任,提请嘉兴市法院抗诉。抗诉后,法院经过再审维持原判,但16名申诉人不服,再次向检察机关申诉,后嘉兴市院立案,交本院审查。本院建议嘉兴市检察院提请省检察院抗诉,嘉兴市检察院于2010年7月提请省检察院抗诉,省检察院审查后没有采纳抗诉意见,要求做好调解息诉工作。

本院按照省检察院意见,组织办案人员认真研判,经过前后50余次艰难协调,永嘉公司最终同意承担37%的付款责任,支付王某等16人工程款69万元,16名申诉人承诺放弃其他诉求。

四、处 理 结 果

2011年7月18日,双方在本院主持下签订和解协议,这起诉讼时间长达6年之久的工程款纠纷案终于画上一个圆满的句号。

这起工程款纠纷系列案,历时6年,当事人穷尽起诉、上诉、申诉、上访等各途径,长期奔走于交通、法院、检察院等部门。本院民行科前后组织50余次协调,终获成功。王某等16名申诉人领到69万元款项后,对检察机关的民行调处工作十分满意,专门送来了"历六载耐心办案,为百姓依法维权"的锦旗。该案的调处成功地实现了息诉罢访、定分止争的目的,取得了令双方当事人、各有关部门都比较满意的执法效果。

同时,案件的成功调处也得到了上级领导的高度赞扬。2011年7月15日,中共桐乡市委政法委员会书记沈建坤批示:"市检察院充分发挥检察职能,创新社会职能,化解社会矛盾的责任意识强,为维护当事人合法权益历尽千辛万苦,为维护社会稳定作出重要贡献。望不断总结经验,把加强和创新社会管理职能进一步落到实处。"2011

年 8 月 17 日,浙江省检察院副检察长张雪樵批示:"转型期的法律执法往往滞后于市场行为,但任何情况下,公平正义不能滞后。这就需要我们民行检察具备桐乡市院六年调处系列案背后所体现的责任意识和执法为民的公权本质。"2011 年 8 月 18 日,浙江省检察院傅国云专职委员批示:"建议办公室以信息简报编发。"该案还得到了最高人民检察院检察长曹建明的批示和肯定。

五、办案心得

(一)树立和解优先理念,坚持抗诉调处并重

抗诉与调处是民行检察工作刚柔兼济的两个方面,两者的价值取向是一致的,即维护司法公正与权威。本院一直树立"抗诉与调处并重,监督与服务齐抓"的工作理念,坚持和解优先原则,着力保护弱势群体合法权益,切实做好调处促和工作。在本案办理过程中,办案人员一直坚持和解优先不动摇,不断创新工作举措,始终把和解理念与矛盾化解贯穿于办案全过程,力争取得各方当事人都满意的办案效果。

(二)坚持预防为主原则,未雨绸缪制定预案

这起工程款纠纷案件实则是一起重大敏感的群体性案件,当事人之间对立情绪十分严重,申诉人数较多且来自 4 个不同省份、素质参差不齐,稍有不慎就极易引发群体性不稳定事件。本院党组高度重视,在听取了民行科的专题汇报后,要求严格把握法律规定,将调解促和、案结事了贯彻办案始终,积极引导申诉人依法维权,既要维护法院判决的权威性,又要维护申诉人的合法权益,防止当事双方因

意见对立导致矛盾激化。同时对案件可能造成的社会负面影响进行评估预测,制定了专门的处置预案进行防控。

(三) 创新工作思路方法,因案制宜开展工作

一是坚持"三不"和"三个讲清"。即"不马虎了事、不为调而调、不留后遗症","讲清检察机关的办案程序和原则、讲清检察调处工作的思路和目标、讲清缠诉闹访的风险和成本",促使申诉人权衡利弊,冷静审慎自身行为,消除对检察调处工作的误解。二是重点性和针对性相结合。本案16名申诉人素质参差不齐,办案人员在工作中做到因人而异、因案而异,通过集体调解与个别调解相结合,重点选取申诉人代表做通工作,同时兼顾个案特点有针对性地进行说理劝和。三是实施公开透明的办案机制。一方面,召集各涉案当事人20余人,请市法院、市交通局有关人员到现场全面听取当事人的意见;另一方面,公开案件办理的每一个环节,彻底打消涉案当事人对办案公正性的疑惑。四是注重细节,层层推进。该案历经时间长,矛盾积累深。办案人员始终做到用真心、细心、耐心和热心化解矛盾。调处前,敏锐寻找各方当事人的利益基础;每次申诉人到访,均端茶递水,热心服务,耐心听取诉求;赢得申诉方和被申诉方的信任后,趁势跟进,依事释法、以法释理,引导当事人理性解决纠纷,在"和"的基础上解开双方的矛盾扣。

(四) 适时调整工作思路,找准突破和切入点

经过数十次努力,在通常调处工作方式不能取得实效、和解工作陷入僵局的情况下,办案人员适时跳出思维定式看问题,从行政机关监管视角寻找新出路,将永嘉公司与潘某之间的关系界定为分包关系,让永嘉公司认识到其行为既违反了公路建设市场管理的相关规

定又违反了招投标文件和施工合同约定的事实,并引导申诉人认识到自身行为的不足之处。在此基础上,办案人员通过集体调解与个别调解相结合,又经过10多次的沟通协商和不懈努力,最终让双方当事人在完全自愿的基础上达成和解协议。

(五)密切跟踪积极推进,确保案结事了人和

在调处过程中,办案人员注意做好调解笔录,载明主持调处的具体情况,真实反映当事人的意见和态度,以作为日后息诉罢访的重要依据。在当事人签订书面和解协议后,采用在办案人员监督下一次性交付的方式履行。同时积极主动与市交通局进行及时的沟通和衔接,由其协助和解协议的履行,确保和解效果。

【作者简介】

姚晓红,女,1983年9月出生,毕业于宁波大学法学专业,现任桐乡市人民检察院检察委员会委员、民事行政与控告申诉部主任。

许君岐,1959年2月出生,从事检察工作40年,历任桐乡市人民检察院助理检察员、检察员,监所检察科副科长,民行检察科副科长、副主任科员,职务犯罪预防中心副主任兼办公室副主任,法纪科副科长,民事行政检察科科长、主任科员,检察委员会委员,现任侦查监督部员额检察官、四级高级检察官。